U0889334

藏籍译典丛书

王统世系明鉴

[元] 萨迦·索南坚赞 著
陈庆英 仁庆扎西 译注

青海人民出版社

图书在版编目（CIP）数据

王统世系明鉴 /（元）萨迦·索南坚赞著 ；陈庆英，仁庆扎西译注．-- 西宁 ：青海人民出版社，2019.10
（藏籍译典丛书）
ISBN 978-7-225-05873-3

Ⅰ．①王… Ⅱ．①萨… ②陈… ③仁… Ⅲ．①藏族—民族历史—中国 Ⅳ．①K281.4

中国版本图书馆CIP数据核字(2019)第227056号

藏籍译典丛书
王统世系明鉴
（元）萨迦·索南坚赞 著
陈庆英 仁庆扎西 译注

出 版 人 樊原成
出版发行 青海人民出版社有限责任公司
西宁市五四西路71号 邮政编码：810023 电话:(0971) 6143426（总编室）
发行热线 (0971)6143516/6137730
网 址 http://www.qhrmcbs.com
印 刷 深圳市国际彩印有限公司
经 销 新华书店
开 本 720mm×1010mm 1/16
印 张 14.5
字 数 200千
版 次 2020年8月第1版 2020年8月第1次印刷
书 号 ISBN 978-7-225-05873-3
定 价 56.00元

版权所有 侵权必究

目录

礼赞词 …………………………………………………………………………… (1)
第一章　世界的形成　印度的历代法王佛祖释迦牟尼降世弘法 …… (4)
第二章　修造释迦牟尼之三身像及为佛像开光 ……………………… (14)
第三章　佛教在汉蒙地区的传播　汉地蒙古历代王统传承 ……… (22)
第四章　圣观世音于莲花上降生　六字真言之功德 ……………… (32)
第五章　圣观世音菩萨发愿　引领雪国众生证得解脱 …………… (42)
第六章　圣观世音化身马王利益众生 ……………………………… (47)
第七章　由猕猴岩魔女传出西藏之人种 …………………………… (54)
第八章　吐蕃早期王统 ……………………………………………… (58)
第九章　圣观世音身放四道光明　法王松赞干布出世 …………… (65)
第十章　大臣吞米依印度文创制藏文及法王制定十善律 ………… (68)
第十一章　自印度、尼泊尔迎请法王之本尊佛像 ………………… (79)
第十二章　迎娶尼泊尔赤尊公主 …………………………………… (84)
第十三章　迎娶汉地文成公主 ……………………………………… (93)
第十四章　修建魇胜寺及再魇胜寺、大小昭寺等寺庙 ………… (120)
第十五章　大、小昭寺及魇胜寺、再魇胜寺建成及开光 ……… (130)
第十六章　为求利乐福德埋藏伏藏　蕃土臣民俱得佛教教法 …… (140)
第十七章　父王母后功业圆满融入自现十一面观音像之心间 …… (147)

第十八章　王孙孟松孟赞 …………………………………………………… （169）
第十九章　都松莽布支 ……………………………………………………… （170）
第二十章　赤德祖丹墨阿葱 ………………………………………………… （172）
第二十一章　法王赤松德赞 ………………………………………………… （177）
第二十二章　王子牟尼赞普 ………………………………………………… （194）
第二十三章　王子牟笛赞普和赤德松赞塞那累江允 ……………………… （196）
第二十四章　王子丹赤 ……………………………………………………… （198）
第二十五章　额达热巴巾 …………………………………………………… （200）
第二十六章　朗达玛吾东赞 ………………………………………………… （207）
第二十七章　额达微松与额达允丹 ………………………………………… （210）
第二十八章　允丹之后裔 …………………………………………………… （212）
第二十九章　佛教由康地传入后复兴 ……………………………………… （213）
第三十章　微松之后裔 ……………………………………………………… （216）
第三十一章　天喇嘛绛曲沃迎请阿底峡尊者 ……………………………… （218）
第三十二章　亚蔡之王统 …………………………………………………… （219）
第三十三章　雅隆觉卧之王统 ……………………………………………… （221）
结束语 ………………………………………………………………………… （224）
译后记 ………………………………………………………………………… （226）

礼赞词

向大慈大悲的圣者观世音菩萨顶礼膜拜!

赞曰:

满足众生善愿之源泉,
世间一切功德之宝藏,
诸神与人类的导师释迦法王,
用身语意[1]三者向你顶礼!

具有无量正觉与慈悲,
引众生走上解脱正道,

能够教化一切的观音菩萨，
藏地众生向你膜拜顶礼!

具足无量福德的人主，
众敬之王[2]的珍贵族裔，
印度释迦族[3]等清净王统，
向你们虔诚地膜拜顶礼!

在藏地这黑暗的边区，
点燃起圣教正法明灯，
使藏民得享安乐的神变王臣，
向你们虔诚地膜拜顶礼!

用戒定慧[4]装饰安乐源泉，
使佛教正法在十方弘扬，
各位贤哲的译师和大德，
虔诚地向你们膜拜顶礼!

观世音菩萨和历代法王，
建树的功德无法计量，
即使要将其稍做描述，
我才能菲薄也难承当。

为使欲笃信佛法的众生，
心中生起无数虔诚信仰，

为使众人能够增益善闻，

我将自己所闻写到纸上。

在此，将印度及藏地诸法王菩萨为弘扬此世间诸善业及利乐之本源、珍贵之佛教所建无量功德的史事，圣观世音菩萨依佛之授记以教化一切之化身引领众生走向正觉解脱的史事，其中尤以对圣观世音菩萨之化身护法王松赞干布等历代法王依次弘扬正觉圣教的史事，作一简要叙述，请生敬信，消除疑惑，心记此教法之历史。

注释：

[1] 身语意：即指身体、语言、思想。按佛教说法，教徒应以身体礼拜佛，用语言赞颂佛，在思想中思念佛。

[2] 众敬之王：佛教所说人世上最早出现的王，其事见本书第一章。

[3] 释迦族：古印度的一个族姓，又称乔达摩族、乌仁香巴族（甘蔗族），其由来见本书第一章。

[4] 戒定慧：亦称三学，指戒律、修习、学经，即佛学理论的三个部分。

第一章　世界的形成　印度的历代法王
佛祖释迦牟尼降世弘法

最初，外部的宇宙是一片无边无尽的虚空。后来，从十方刮起了风，互相鼓荡，形成十字形，其中心是一个青灰色的坚硬的风轮。其深度有六千亿由旬[1]，其广度则无法计量。风轮上由于水之积聚，成为大海。其深度为一百一十二万由旬，其广度为一百二十万三千五十五由旬。大海之上，有黄金构成之大地，平坦如手掌，大地广度为三十万由旬。中央有天然生成的具有诸宝物的山王须弥山[2]，构成它的物质，东面为白银，南面为琉璃，西面为朱石，北面为黄金。此须弥山有八万由旬没入海中，露出海面的高度为八万由旬。它的四周有七座金山围绕，持双山高四万由旬，持轴山高二万由旬，担木山高一万由旬，善见山高五千由旬，马耳山高二千五百由旬，象鼻山高一千二百五十由旬，持边山高六百二十五由旬。诸山之间，有七个戏游海。须弥山之间隙处有阿修罗[3]城，山顶之上有三十三天[4]宫殿，其中央为用诸种宝物筑成的帝释天[5]的殊胜宫殿；自殊胜宫殿往上八万由旬处有圣夜摩天宫殿；由夜摩天宫殿往上十六万由旬处，有圣兜率天宫殿；由兜率天宫[6]向上三十二万由旬处，有圣化乐天宫殿；由圣化乐天宫殿往上六十四万由旬处，有圣他化自在天宫殿。圣他化自在天以下的各层天，称为欲界天。由圣他化自在天以上，为色界天、无色界天之一切天之宫殿，各层天宫逐级而上，如同一座佛塔一般。此各层天宫的高低、大小，上面天神的寿命、身量、受用之量等，都记载在《俱舍论》[7]中。

须弥山之东有东胜身洲和两个小洲，其形状如半月。须弥山之南有南瞻部洲[8]和两个小洲，其形状如肩胛骨。须弥山之西有西牛贺洲和两个小洲，其形状为圆形。须弥山之北，有北俱卢洲，其形状是方形。从象鼻山往上四万由旬处的空中，有透明的极其坚固的风轮，太阳、月亮、星辰都附着在它上面。日月星辰的大小、各个大小洲之大小及它们上面的人的受用、寿命、身量等也都记载在《俱舍论》中。

在各个洲里面，以南瞻部洲最为殊胜。乌仗那[9]、金岛、锡兰岛、月岛等小洲皆在其边隅，而隶属于南瞻部洲。此洲中央印度的地方，如同被锦缎华盖覆盖，是珍宝之洲；阻卜、于阗地方，形状像马车，是丰盛之洲；蒙古、汉地像莲花开放，是稀有之洲；有雪的藏地，形状像女魔仰卧，谷深多鬼；山黑岭险，为一黑暗之区。此外尚有大地区十六个，皆财富足用，平安欢乐。

最初，在印度地方，人种出自极光净天[10]之神，都可以无量长寿，吃的是静定之食[11]，由神变而生，身上具有光明，而且能运用神变在空中行走。当时的人有如此之广大神通。后来，因为吃了味道像蜂蜜的白色甘露精，再不能运行神通而空行，静定之食也没有了。这时，又有味道像蜂蜜的红黄色地脂生出，地脂被吃完后，有叫作嫩芽菜的食物生出，嫩芽菜吃完后，又有不种自生的稻子长出。此稻子应该在需要食用时取之，后来又有一些懒惰之人，于今日取食明日之份，旁人仿效他们的做法，因此不种自出的稻子也被吃完了。从此，人们开始农业耕作。但是，又出现一人耕种之田旁人都来采食的情形，为此发生了不和起争执。这时，有一个人类中的杰出者把土地分给各个人，平息了争斗，众人皆欢喜非常，共同推选他当首领，称他为众人共敬之王，印度最早的国王即是此人。

共敬之王的儿子是俄则，俄则的儿子是格瓦，格瓦的儿子是格却，格却的儿子是索江帕，他们被称为印度最先之五王。索江帕的儿子叫其额乃，其额乃的儿子是则巴，则巴的儿子是列则，列则的儿子是则巾，则巾的儿子是则丹，他们被称为转轮五王。则丹的儿子是却敬王，此王之时，人之寿命为四万年。此父子二王之时，拘留孙佛[12]降临印度，讲说圣教教法。却敬王的儿子是诺尔布王，由他下传三百代是更尼俄王，更尼俄王的儿子是旃陀罗波王，此时世人之寿命为三万年。此父子二王之时，羯诺迦牟尼佛[13]降临印度，讲说圣教教法。由此下传三百代，为惹达钦波王。惹达钦波王的儿子是支支钦德王，此时世人之寿命为两万年。此父子二王之时，迦叶佛[14]降世讲说圣教教法。此后王统在普陀之地下传二百代，有名叫那瓦巾的国王出世。那瓦巾王有两个儿子，长子名叫乔达摩，幼子名叫巴哈那达扎。乔达摩出家当了僧人，巴哈那达扎继承了王位，没有子嗣，于是产生邪见，对其兄乔达摩施以利戈自肛门穿至头顶之酷刑，将其杀害。由于诸臣民的祈祷，乔达摩在其坐垫之上遗留下种子，变成两个蛋（原注：“由前之业力，乔达摩无辜被杀，乃因婆罗门[15]大师多那之真言遗留种子而变为两个蛋”）。

这两个蛋被放到甘蔗叶中，久后变成两个男孩，一个叫尼玛挚，一个叫乌仁香巴。尼玛犛无后代。乌仁香巴为王，子嗣众多，被称为乌仁香巴族，遍布各地。其长系王统依次下传一百代，为帕吉波王，帕吉波王有三子二女，兄妹在恒河边上共居，繁衍子孙，称为释迦族，遍布各地。

释迦族的长系依次下传五十代，有名叫十车王的国王出世，此王有三个儿子，分别叫释迦钦波、释迦李扎希、释迦日扎巴。此长系自释迦钦波下传二十五代为祖吉木屈王，祖吉木屈王的儿子是塔伊王，塔伊王的儿子是徐丹王，徐丹王的儿子是僧格帖木王。僧格帖木王有四个儿子，即净饭王、色噶、则波色、泽梅色，另有四个女儿，即臧玛、噶瑛、则俄玛、杜智玛。臧玛之子勒巴惹色，噶瑛之子昌瓦巾，则俄玛之子桑年，杜智玛之子格培。净饭王[16]的两个儿子是释迦牟尼和仲噶波，色噶的两个儿子为拉加和桑丹，则波色的两个儿子为敏巾和玛格，泽梅色的两个儿子为根噶波及勒敬。释迦牟尼的儿子为罗睺罗。由最初之共敬之王到罗睺罗，《毗奈耶经》中说共经历了一百一十五万一百代。释迦牟尼先发菩提善心，后又积无量之功德，最后在色究竟天真正成佛。又为了劝喻教化众生的缘故，释迦牟尼于兜率天化为天神之子丹巴杂噶波，此时正是世间斗诤时[17]之末期，世人之寿命减为百年之时，知调伏众生之时机已到，于是请吉尊香巴贡波代摄兜率天主，观看城郭、父母之种族，乘大象由天界下凡，于父王净饭王之宫中，伴同诸种祥瑞，投入母后具楚玛（摩耶夫人）之腹中。经过十个月，当母后于兰毗尼园菩提树前休息之时，因并未真正住在母胎中，故于三月初八日星宿相列之吉时由母后之右腋下肋间生出，未染胎中秽气。大梵天[18]与帝释天取光明城所产之布，由噶俄与列噶为王子洗身，王子在地上行走七步，即生出七朵莲花。

《第一赞》赞曰：

尊贵教主初降生，

大地之上七步行。
自此世间宣圣法，
此生贤哲皈依汝。

将王子交给姨母结古达旎等保姆三十二人抚养，王子长成，精通文字、历算等五明之学，力大艺多，折服拉敬等所有傲慢之人，世上无敌。王子娶萨措玛、扎真玛等妃子八万四千人，于二十九岁时执掌国政。

此后，王太子感觉世间轮回之事殊无意义，又在迦毗罗城之四方见老、病、死诸难忍之苦，欲出家。因父王母后不允，故而从天空中迎请四大天王[19]，在清净塔前，自己剃发出家，到尼连禅河等河流边上修苦行六七年，静虑获得彻悟。此后王子在贝拿勒斯城和隐士所居之山林中，为最初所剃度的五千比丘讲说小乘戒律，此即为初转四谛法轮。其后，又在灵鹫山[20]等处为各部菩萨、圣者阿罗汉等转不共乘法轮，在毗舍离城及竹林园等地为正等觉菩萨等转胜义法轮。此后，又前往菩提伽耶城，于四月十五日傍晚伏魔[21]，于半夜时寂定，黎明时分成佛。在成就十二圣业，享年八十之时，在拘尸那城灭寂。导师灭寂后，诸阿罗汉举行过三次集结，整理释迦牟尼的教诫。

与释迦牟尼降生同时，有四个国家的国王出生，他们分别是舍卫城昌敬的儿子色嘉、王舍城白玛钦坡的儿子柔巾宁波、郭香拔拉城百军王的儿子夏尔巴、帕加城迷屈塔玉的儿子冬波热朗。释迦牟尼的年代，按阿底峡[22]尊者的算法，于木阳鼠年投胎、木阴牛年诞生、水阴猪年成佛、木阳猴年灭寂；按萨迦法王（指萨迦班智达[23]）的算法，火阴兔年投胎、土阳龙年诞生、水阳虎年成佛、火阴猪年灭寂。按萨迦派释迦牟尼龙年诞生的算法，则帝师喇嘛贡噶洛追[24]水阳狗年在卫地受比丘戒时距释迦牟尼的生年三千四百五十五到五十六年。按佛教存在十个五百年的说法，此时经论期已完，经藏期已过二年，还剩四百九十八年，加上教律期五百年，教理期共计剩九百九十八年，再加教名期五百年，未来共有一千四百九十八年（原注：《彰所知论说》说，释迦灭寂后一百年，印度有法王阿育王[25]出世，作佛教第二次集结的施主）。

以上只是简要叙述，欲知其详，可看经藏与律典，若不能阅读这些经典，可看布顿仁波切[26]之《佛教教法史》，喇嘛法王八思巴[27]所著之《彰所知论》，与布顿的说法一致，请详细阅读。

世界的形成、印度的历代法王、佛祖释迦牟尼降世弘扬佛法之第一章完。

注释：

[1] 由旬：古印度计算距离的单位，以帝王一日行军之路程为一“由旬”，一由旬大约为四十里。

[2] 须弥山：古印度神话中的山名。认为它是人类所住世界的中心，日月环绕此山回旋出没，三界诸天也依之层层建立，并称它的四方有东胜神、南瞻部、西牛贺、北俱卢四个洲。佛教也采用此说。

[3] 阿修罗：意译“不端正”或“非天”。古印度神话中的一种恶神，说它住在海底，常与天神战斗，因此后世亦称战场为阿修罗场。佛教采用其名，把它列为天龙八部之一，又列为轮回六道之一。

[4] 三十三天：按佛教典籍《俱舍论》的说法，在上述的山王须弥山顶上与山顶相接的欲界三十三天，即大自在天十一，太阳守宫神十二，娄宿之子二青年等，通常称为三十三天。以上所述大自在天、太阳守宫神、娄宿之子等见于《俱舍论注释》（通常称为《青浦宝库》）的第三章。

[5] 帝释天：释提桓因陀罗系天帝释之异名，即三十三天之主。

[6] 兜率天宫：按佛教典籍《俱舍论》的说法，三界中的欲界分为六

趣，其中的天又分为欲界六趣，即：1.四大天王，2.三十三天，3.夜摩天，4.兜率天，5.乐化天，6.他化自在天，其中第四个兜率天宫是隔世十地菩萨们居住的清净界。

[7] 《俱舍论》：作者世亲，主要讲佛教徒的世界观和人生观。全书分为八品，前二品解释世间与出世间所共之法，次三品释解流转轮回之因果及次第，后三品讲证得解脱之法次第。格鲁派僧人在学习《俱舍论》时以根敦主对这部书写的注释为辅助教材。

[8] 南瞻部洲：又名南阎浮提，在须弥山南方，据说即人类所住之地球，因洲中有瞻部树而得名。

[9] 乌仗那：古印度西方一地区，传说为空行母住处。乌仗那城：释迦牟尼在世时印度东方的一座城市，见《戒律十万论》。

[10] 极光净天：亦称光音天，为色界之第三层天。

[11] 静定之食：按佛教的说法，天界神佛想要吃东西时，只要想到食物，就自然饱了，这称为静定之食。

[12] 拘留孙佛：佛名，部派佛教以后，认为过去有七佛，释迦牟尼以前有六佛，即毗婆尸佛、尸弃佛、毗舍婆佛、拘留孙佛、拘那含佛、迦叶佛。拘留孙佛是第四佛，他于“此贤劫时出世，举行过一次说法集会，有四万弟子参加”。

[13] 羯诺迦牟尼佛：即拘那含佛。

[14] 迦叶佛：过去七佛之第六佛，传说是释迦牟尼前世之师，曾预言释迦将来必定成佛，其塑像往往骑一狮子。

[15] 婆罗门：意译“清净”，印度的第一种姓，婆罗门教、印度教称之为“人间之神”，据《梨俱吠陀》称，是从“原人”的头生出。婆罗门为古印度一切知识的垄断者，自认为是印度社会的“最胜种姓”。从事修行的婆罗门称为梵志。《摩奴法典》规定，婆罗门有六法：学习吠陀、教授吠陀、为自己祭祀、为他人祭祀、布施、受施。

[16] 净饭王：释迦族人，释迦牟尼之父。相传为公元前6世纪至前5世纪时北天竺迦毗罗卫国（今尼泊尔境内）国王。

[17] 斗诤时：按佛教的说法，当二分时逐渐结束后，世人作十不善，纵情享乐，战乱不断，这一时期称为“斗诤时”（此时人的寿命有四十万年、三万年、二千年等说法）。

[18] 梵天：佛教名词。“梵”是“清净”“寂静”的意思。佛经中称三界中的“色界”（共有十八重天）初三重天为“梵众”“梵辅”“大梵”。

[19] 四大天王：古印度神话称须弥山腹有四大王天（为欲界六天之第一天），佛教也采用其说，宣称四天王各护一方天下：东方持国天王，身白色，持琵琶；南方增长天王，身青色，执宝剑；西方广目天王，身红色，执绢索；北方多闻天王，身绿色，执宝幢，因而又称为“护世四天王”，俗称“四大金刚”。

[20] 灵鹫山：按佛教的说法，是释迦牟尼讲说大乘经典时所住的一座山的名字，又说因为当时有许多菩萨化身为鹰鹫前来此山听经而得名。玄奘《大唐西域记》中说，此山在嘉波喀（王舍城）东北方，较其他地方为高，上山石梯宽十米，长三千米。

[21] 伏魔：按佛教典籍的说法，对宗教彻底了悟而达到成佛，可以获得战胜四魔的地位：破除烦恼魔，从根本上断除习气；破除五蕴魔，身体由骨肉色蕴之躯转化为相好端严的虹身；破除天魔，获得等持与后得；破除死魔，获得除离生死的金刚身。这一过程称为伏魔，这里是按显宗的说法，密宗的说法比这深奥难懂，故不述及。

[22] 阿底峡(982—1054年)：生于孟加拉国达卡，出身于王族，二十九岁出家，拜著名佛教大师香蒂巴那饶为师，出师后曾先后在十八个寺院中担任住持。1040年受古格王朝（今西藏阿里）的邀请动身，1042年到达古格。他在古格的活动包括讲经、译经和著述，做了不少事情。他

的名著《菩提道炬论》对西藏佛教影响很大，在西藏佛教史上占有重要地位。其后从阿里又去卫藏地区进行传教活动共达九年之久。1054年在聂当去世。阿底峡的弟子仲敦巴就是西藏佛教噶当派的创始人。

[23] 萨迦班智达：即萨迦·贡噶坚赞（1182—1251年），萨迦派第四祖，也是萨迦派与元朝王室建立关系的第一人。因为他不但精通萨迦教法，对其他教派也有较深的理解，是当时西藏佛教界精通大小五明的著名学者，故人们尊称他为“班智达”。著名的《萨迦格言》就是他的杰作。1247年他和阔端在凉州晤面后，给西藏僧俗领主写了一封公开信(即著名的萨班《致蕃人书》)，信中确定了西藏归顺蒙古汗国。

[24] 贡噶洛追：即贡噶洛追坚赞贝桑布，生于1299年，十一岁时到朝廷觐见元仁宗爱育黎拔力八达（即普颜笃），受到皇帝、后妃、大臣们的崇奉。1315年封为帝师。他任过元仁宗普颜笃、英宗格坚、泰定帝也孙铁木儿的帝师。1327年逝世于大都，享年二十九岁。

[25] 法王阿育王：古代中印度一个强大的国王，印度语称为达磨惹扎阿输迦，是赞跋拉国太阳族的国王勒米达的七个儿子中最幼者。关于他在位的年代藏文史籍中有不同的说法，藏族历史学家布顿·仁钦朱说，释迦牟尼灭寂后一百一十年由法王阿育王任施主举行第二次结集；安多根敦群培所著《白史》、斯里兰卡明钦长老所著《哈巴夏拉》则说释迦牟尼灭寂后二百六十年阿育王继位，执政四十年而死；桂译师宣努贝所著《青史》中有一页杂入的译成藏文的关于教法传承的记载，其中说释迦牟尼灭寂后三百年时，有名叫阿育王的国王去世，后两种记载一年不差，完全吻合。总之，阿育王至迟应生于释迦灭寂以后的二百五十年以内，这些尚待以后考证。阿育王最先执外道自在派的见地，杀人伤生，杀牲祭祀，后因阿罗汉扎巴讲经而皈依佛教，建寺庙多处，据说他在南瞻部洲修建存放释迦牟尼舍利的佛塔一千座。记载他的事迹的藏文著作，有觉囊派多罗那它所著《印度教法史》。

[26] 布顿仁波切：即布顿·仁钦朱（1290—1364年），著名佛教大师，写了不少关于佛学和历史的著作。他的全集有二十六函，共二百多种。他是藏文大藏经《甘珠尔》的目录编纂人，所写佛教史《善逝教法源流》也叫《布顿佛教史》，在佛教史的历史著作中占有很高的地位。布顿晚年住持夏鲁寺（今西藏日喀则市），其传承属萨迦派，藏史中亦称其传承为布顿派或夏鲁派。

[27] 喇嘛法王思巴：即八思巴·罗追坚赞（1235—1280年），萨迦班智达贡噶坚赞之弟桑察索南坚赞之子。1244年，随萨班前往凉州，路上由萨班授沙弥戒，到凉州后由阔端安排学佛。1251年见忽必烈于六盘山。1260年忽必烈继大汗位，同年封八思巴为国师，掌天下释教。1265年回西藏，1269年返回大都献受忽必烈之命创制的蒙古新字（即八思巴文）。1270年受封为帝师，忽必烈令其掌管释教和吐蕃事宜。1274年再次返回西藏，1280年逝于西藏萨迦，忽必烈赐号“皇天之下，一人之上、开教宣文辅治、大圣至德、普觉真智、佑国如意、大宝法主、西天佛子、大元帝师、板的达八思巴八合失”。其著作有四部译成汉文，收入元代的汉文《大藏经》中。

第二章 修造释迦牟尼之三身像及为佛像开光

当初，释迦牟尼与四部弟子[1]在祇陀林园时，圣文殊[2]菩萨请求道："释迦牟尼，现在众生可以瞻仰你，敬奉你，并以此积聚福德，要是你涅槃了，众生将没有积聚福德的依靠。请你指示将来众生积聚福德的依靠处。"这样请求以后，释迦牟尼面带笑容，放射出四道光明：一照大梵天，一照大曜遍入天[3]，一照帝释天，一照工匠毕夏噶玛[4]。他们顿时产生信念。大梵天双手合掌说道：

无边的功德难以思量，

导师是世间众生依怙，
用五宝给你建造法身像，
为利益十方我来承当。

大曜遍入天合掌说道：

浑身洁净的世间之尊，
如象乳海是利乐之源，
用珍宝给你建造报身像，
为救济贫穷我来承当。

帝释天合掌说道：

尊胜佛祖是神中之神，
像黄金须弥山那样庄严，
用五宝给你建造化身像，
为众生积福我来承当。

工匠毕夏噶玛合掌说道：

神和人类的导师释迦王，
为使未来众生能够积福，
用五宝给你建造三身像，
这一重任由我来承当。

于是大梵天兴造释迦牟尼的法身像，将蓝宝石一大聚，黄金等金属一大聚，水晶一大聚堆放在工匠毕夏噶玛面前。工匠毕夏噶玛将这各种宝物熔炼，铸成释迦牟尼法身像。像的形状像一座佛塔，大小与大梵天神平伸两臂的长度相等，像的颜色是烟紫色。释迦牟尼亲自为此像开光，并散花加持[5]。后来这座形如佛塔的法身像，被迎往天界，又被智慧空行母们迎往西方乌仗那。这座佛像没有落到地上，而是悬在空中，所以被称为吉祥无触塔，因它曾升到天界，又称为天降塔。此外，因其颜色烟紫，又称烟色塔。

此后，为兴造报身像，大曜遍入天将蓝宝石一大聚，翡翠一大聚，水晶一大聚，堆放在工匠毕夏噶玛面前。工匠毕夏噶玛将这各种宝物熔炼，铸成释迦牟尼报身像，其长宽相等，俱为八十由旬。其面色如雪白的乳海，两手结平等印，像身颜色浅蓝，头顶有一瓶状之水晶。这报身像安置在外洋之中，肚脐以下没入水中，利益水居众生，肚脐以上露出海面，利益陆居众生。有众鸟栖居在像的头顶及肩上，鸟粪散于其身，身色由浅蓝变为乳白。每至十五夜，月光照耀佛像顶上的水晶，用无相水洗浴佛像。到外海采取珠宝的商船主，如果把船驶入此像的肘内，礼拜供养，可以获得想要的珍宝。无论身像前后，经过时都有半天的路程。这座像也由释迦牟尼亲自开光，并散花加持。

此后，为兴造释迦牟尼化身像，帝释天拿来天界五宝:蓝宝石、白宝石、深蓝宝石、大蓝宝石、檠陀严宝；人间五宝：金、银、珍珠、青金石、珊瑚，并采集其他诸宝，打算建造释迦牟尼十二岁身量之像。姨母结古达旄[6]说：“佛八岁时，身高与蓝毗尼园之宝座相等，右手无名指内屈；十二岁时的身高是足踏舍卫国国门之门槛，头触门楣。”用这两句话说明了释迦牟尼的身高。于是，工匠毕夏噶玛将诸宝熔炼，铸成释迦牟尼十二岁时身量之化身像，像身为熟金色，两只手一只结平等印，一只结镇服印。佛像美好庄严，使人一见就能平息三毒病，生起真实无伪的敬信，获得见闻思触的功德。建造这与佛祖真身毫无差别之像，使天神、人类都得到吉祥。释迦牟尼亲自为它开光，并散花加持。此像受诸神的迎请，上住天界一百年。又由智慧空行母们迎往西方乌仗那国，在该处住五百年，此后又以神变升空，到印度金刚座住五百年。这样，释迦牟尼已证正觉，造三身像，事业完满，于是涅槃。

释迦牟尼涅槃后不久，印度摩揭陀国有一个在家的婆罗门名叫玛哈巴拉，他的妻子名叫智慧空行母。这对夫妻有三个儿子，前两个儿子喜欢外道[7]，幼子笃信佛教。由于内、外道的见地不同，三个儿子之间产生了争辩。母亲问道："你们三人为什么争论？要是冷了就穿衣服，要是饿了就吃米饭。"幼子回答说："我们兄弟三人信仰的内、外道见地不同，不知佛教和外道哪一种正确？"母亲说："在底斯雪山有玛哈提婆神，佛教和外道哪一种正确，可以前去问她。"于是母亲在靴子上涂上速行剂，让三个儿子穿上前去。三个儿子刹那间就到了底斯雪山顶上，看见一个美貌女子手执宝瓶在采集鲜花，他们问那个女子："你是何人？采花做什么用？"女子回答说："我是仙女乌玛提婆的侍女，因为十五那天众圣者阿罗汉将以神变升天，到我们的宫殿举行法会，所摘的鲜花，是向他们散花用的。"于是三个儿子跟着侍女，到玛哈提婆的宫殿去。到那里已是十五之日，敷设好了宝座后，只见各个圣者阿罗汉以神变升天，坐到宝座上，玛哈提婆与乌玛提婆散花，举行法会，并且祈愿。法会以后，各个圣者阿罗汉散去，于是三个儿子就内、外二道哪种正确，请教于玛哈提婆。玛哈提婆答道："佛法优胜，我也在依照内道佛法追求得到正觉。外道除了一时的安乐外，没有终极的意义。"三个儿子由此得出决断，返回故乡，对母亲说道："我们三人都皈依内道佛教。"母亲说："你们三人都信内道佛教很好，应当每人修建一座神殿。大儿子应该在贝勒拿斯城修建玛哈玛塞神殿，二儿应该在则答园修建斯瓦萨梅神殿，幼儿应该在金刚座修建扎答萨梅神殿。"大儿子和二儿子依照母亲的话修建神殿，先期完成。三儿子在金刚座建立的神殿，外面为经堂，里面为神殿，又想在神殿中建造释迦牟尼三十岁时身量的佛像，将檀香木磨成粉末调和泥土塑造。他的母亲说：“我儿子与塑匠带上饮食到神殿里去，把门用铁钉钉住，经过三个月零三天就可塑成。”过了三个月零两天，母亲到神殿门口喊：“开门!”儿子说：“刚过了三个月零两天，还差一天。”母亲说：“虽然差一天，也要开门，我的死期到了。现今世上除我以外没有人曾亲眼见过佛面。我要是不亲眼看看塑得像不像，别的人再不能辨别，快开门让我进去观看。”于是儿子打开门，这时塑匠以神变化作一道彩虹逝去。这座释迦牟尼三十岁身量的佛像，美好端严，它稀有之处为如下几点：众人一见此像，就会忘记饥渴，需要别人喂食；拜谒完毕退出时，人们不敢背向着佛像，需要倒退着出来；世人若患疾病，一见此像，病即痊愈；若因争执而起嗔恨心，一见此像，嗔恨心顿时平息而转变成慈悲菩提之心。果然如其母所说，第二天母亲就去世了。仔细检查这一日之差所产生的缺失，只是右脚一个小指头尚未完成而已。这座像与释迦牟尼的其他两座像，都安置在印度的金刚座。

此后，经历了许多朝代，到印度法王[8]达玛巴拉时，中国的皇帝叫支笛玛扎亚，这两个帝王虽未见过面，却是亲密朋友。中国皇帝派人送给印度国王三种礼品，最后一种是一件无缝锦衣，于衣服的前襟上，绣有四个吉祥结。印度国王想道：“中国皇帝一定有求于我吧！他想要什么呢?”拆阅皇帝的来信，见信中说：

护持教法的印度法王，
前世积下功德今世享，
居住世间胜地印度国，
辖土富庶又有教法宝藏，
各种利乐让百姓安康，
又建功业使福德无疆。

我这边地[9]中国之国王，
我的境土还未沾染佛缘，
没有佛祖教诫又无佛像，
请大王对我赐予恩惠，
将五部经论四众比丘，
十二岁身量佛祖之像，
一并送给我中国之王。

印度国王想道：“我国有大乘佛法，有佛祖灵塔舍利，又有声闻部阿罗汉，他的国中这些全然没有，若将佛像送给中国，则我国佛法不衰，中国的佛法也定将弘扬，只是还应请示此觉卧[10]佛像，然后送去。”国王到宫中觉卧佛像前，看到原来面朝南面的觉卧佛像，已转脸朝向东方。印度国王心想：“觉卧佛像自己也愿意去中国啊!”于是建造了一艘大船，把觉卧释迦佛像及三宝放到船上，船上张盖锦缎宝帐，并插上大旗奏起音乐，将船送入流往中国的大河中。印度国王还给中国皇帝回信说：

中国皇帝陛下请听我言，
我所供奉释迦牟尼佛像，
建造施主乃是帝释天神，
十种珍宝熔炼铸成此像。
毕夏噶玛亲自担任工匠，
释迦本人莅临散花开光。
这尊佛像可算举世无双，
无论见闻触念向它祈祷，
都能即世成佛功德天降。
如此珍贵的释迦佛祖像，

我虽珍爱得像自己心脏，
感君重礼和诚心赐教，
愿使贵国众生得享安康，
割爱相赠将佛像奉上，
请你虔诚顶礼勿稍忘。

中国皇帝得到这尊佛像，无比欢欣，用盛大的礼乐，迎请觉卧佛像及三宝进入皇帝的扎亚宫，使有情众生皆获利乐。此后，在边地中国，佛教也广为弘扬。

建造释迦牟尼的三身像及为佛像开光之第二章完。

注释：

[1] 四部弟子：古印度佛教分上座部、说一切有部、正量部、大众部等四根本部，故泛称追随释迦牟尼的弟子为四部弟子。

[2] 文殊：也称文殊师利，佛教菩萨名。释迦牟尼的左胁侍者，专司“智慧”。顶结五髻，右手执宝剑向上扬，左手无名指和拇指当心持莲花。有些塑像骑狮子。藏、汉佛教界俱以山西省五台山为文殊菩萨之道场，故五台山为藏、汉佛教僧人共同尊崇之圣地。

[3] 遍入天：古印度天神之一，佛教称其为释迦牟尼随从之一。

[4] 毕夏噶玛：传说为古印度著名工匠，释迦牟尼最早的佛像由他塑造。

[5] 加持：佛教用语，原意为站立、住处等，一般指佛力佑护众生。密教解释为大日如来与众生互相照应，说大日如来以大慈大悲佑助众生，此为“加”，众生能够接受大日如来的佑助，此为“持”。

[6] 姨母结古达旌：按佛教说法，她是释迦牟尼幼年时的保姆之一。

[7] 外道：佛教徒称佛教以外的其他宗教为外道，称佛教为内道。

[8] 法王：佛教徒称按佛教教法治理国家的君王为法王，后来对掌握政教权力的宗教领袖也尊称为法王。元明两代，中央王朝常赐给西藏佛教领袖人物以各种法王的封号，如大宝法王、大乘法王、大慈法王等。

[9] 边地：对佛教徒而言，系指佛教教法还未兴盛的地方。

[10] 觉卧：藏语意为王子，此处指释迦牟尼，因其为净饭王之子。觉卧佛像系指释迦牟尼十二岁身量之像，相传系唐朝文成公主带入西藏，先供奉在拉萨小昭寺中，金城公主入藏后移至大昭寺，至今仍为藏传佛教徒朝拜的主要佛像之一。

第三章 佛教在汉蒙地区的传播

汉地蒙古历代王统传承

关于觉卧释迦佛像和旃檀觉卧像传入汉地以及佛教在汉地弘扬的情形，在汉地的史书中记载如下：汉地古代的国王名叫周王。（原注：“此王与印度的玉丹王同时。”）由他下传四代，为周昭王，他继王位之后二十四年，即木阳虎年之四月八日。（原注：“此书中的记载除佛祖的期供月日外，年代多不合，汉文史书说法如此。”）有各种稀有罕见的光明和响声从西方传来，汉地的太史占卜测算，知佛祖诞生世间。释迦牟尼三十岁时证得正觉，上升兜率天宫，为他母亲说法。此时乌扎衍那王建造了旃檀佛像，佛祖自天界返回世间时，在为此旃檀佛像开光时预言道："我涅槃之后一千年，这两尊佛像将到中国做利益众生之事。"中国古代的周王，王统传了三十六代，诸王依次在王位达一百年之久。此后，有名叫秦始皇的，父子二代在王位七十年。此后有名叫汉高祖的国王出世，他的王统下传十二代。有一个叫王莽的大臣篡夺了王位，王莽在王位十八年。此后有前汉高祖的后裔名叫刘秀的，杀死王莽，刘秀当了国王。刘秀有五个儿子，长子汉明帝继承王位。汉明帝的儿子为汉和帝者出世，有名叫曹操的大臣由其手中夺取王位。曹操传国五代，王位又被大臣晋武帝所篡。此后，由西晋的国王掌握国政。西晋国王的长子东晋继承王位。此后东晋国王的弟弟宋齐王继位。（原注："布顿佛教史中所说的治丁王即是这个国王。"）汉文史书中说："就在此时，觉卧释迦佛像与旃檀觉卧像，被迎至中华，佛法弘扬。"此后他的大臣丞相篡夺王位，这个国王的王统断绝后，又有隋炀帝父子二人登上王位，此后有唐王出世。[1]汉文史书又记载说，释迦牟尼灭寂后二千五百六十六年时，汉地的唐朝建立，与藏地发生联系，其王与吐蕃的朗日伦赞[2]王同时。唐朝的王子唐高祖即王位，他的儿子唐太宗，与吐蕃松赞干布[3]王同时，唐太宗的女儿文成公主[4]进藏。唐太宗有七个儿子，依次继位，长系传至唐中宗时，唐朝王统已传五代。唐中宗与吐蕃墨阿葱王[5]同时，唐中宗的女儿金城公主[6]入藏。唐中宗的儿子唐玄宗继王位。此后，有名叫黄巢的人造反，夺取王位，以后有以梁为首之五代兴起，在王位五十年。此后宋太祖即王位，宋朝王统在汴梁下传八代时，王位丧失于木雅[7]之手（译者按：此处指金，疑有缺文，可能应为"其裔迁往南方"。），直到蛮子拉尊[8]之时。

宋朝王位丧失于木雅之手的历史如下：木雅的国土全在汉地的下方，其地北面有名叫满锡的大山，山中有名叫塞胡的非常凶恶的毒龙，祭祀它只能得到暂时的平安，若触犯它就会立刻降下瘟疫和疯病。这条恶龙变为七个骑士去城中，有一个食肉罗刹族的女子与为首的骑士交合，到月份后，这个女子生下一个儿子。天空中有一个前所未有的异星出现，汉地的占卜师测算，知道夺取王位的人已经出世，于是上奏国王。国王命人搜寻，并未找到。后来这个孩子长大，集合同辈的少年住在山林中，策划反叛。北地有一个魔鬼老太婆为他们出谋献策说：“本月十五日，你们领着军队来，一路上多找些马鞭马粪投到黄河中，那么，汉地国王的玉玺就会落入你们手中。”到了十五日，老女魔到城墙上捶胸大哭，国王问她为何大哭，老女魔回答：“帝释天王降下旨意，有一个木雅国王出世，我们如不归顺他，汉人将会被杀得一个不剩。明日将有无数大军杀来了。”问其缘故，她说:“明天你们到黄河边上去看，他们的马鞭和马粪多得使河水都变颜色!”第二天早晨人们到黄河边上去看，果然跟她说的一样。大家十分惊恐，问道：“该怎么办呢?”老女魔说：“只有投降。”汉地国王君臣七人出城去送印投降，正遇上毒龙之子所领的骑兵，他们夺过印信，杀死汉王，然后杀死众大臣，汉地归木雅统治。这个毒龙之子木雅王，依照其父的名字，称为塞胡王，他下传六代，木雅有名叫甲郭的国王出世。从塞胡王至甲郭王，木雅立国二百六十年。

蒙古之王，最初为上天之子包塔切，包塔切的儿子是巴齐肯，巴齐肯的儿子是塔马察，塔马察的儿子是喀切墨尔根（原注：“相传此王为古茹佛转世。”），喀切墨尔根的儿子是阿兀站孛罗温，阿兀站孛罗温的儿子是埃嘎迭温，埃嘎迭温的儿子是萨木苏齐，萨木苏齐的儿子是合儿出，合儿出的儿子是孛儿本篾儿干。此后，孛儿本篾儿干的妻子阿兰，阿兰的儿子博塞葛，博塞葛的儿子是孛端察木卡，孛端察木卡的儿子是嘎毕齐，嘎毕齐的儿子是别克，别克的儿子是蔑年土敦，蔑年土敦的儿子是海都汗，海都汗的儿子是伯升托多申，伯升托多申的儿子是布敦必乃汗，布敦必乃汗的儿子是葛不律汗，葛不律汗的儿子是八里丹巴图，八里丹巴图的儿子是也速该巴图，也速该巴图的儿子是太祖成吉思汗。成吉思汗以前是汉人与木雅为王，蒙古尚未立国。此后，成吉思汗凭借长生天气力里之佑助，成为最有威权的国王，于释迦灭寂后三千二百五十年时，即蒙古大汗之位，将汉地木雅全部收归治下，在位二十三年，治理国政。成吉思汗之弟为乌茹哈王。成吉思汗有四个儿子：术赤王、察合台王，窝阔台[9]王（原注：在位六年）、拖雷诺颜王。术赤王有八个儿子，察合台王有九个儿子，窝阔台王长子贵由[10]王（原注：此王在位半年），贵由王的弟弟是阔端卡希汗。贵由王（原注：此王在位六月。译者按：蒙哥、忽必烈等为拖雷之子，此处系作者笔误或传抄错误）有五个儿子：蒙哥[11]汗（原注：此王在位九年）、忽必烈薛禅汗[12]（原注：此即薛禅王）、旭烈兀（原注：此西蒙古之王，拓地甚广）、赛因艾噶哇、惹窝卡齐。薛禅王继王位时，释迦已灭寂三千二百五十八年（原注：薛禅王最小的女儿，生了八个儿子：呼格切、阿绕切、郭洛铁穆耳、埃山巴卡、脱欢、郭郭曲、多吉。阿绕切之子，即铁木耳别克王[13]），距造旃檀觉卧佛像已三千五百年。以上内容，汉文史籍的记载与上师法王所著的《彰所知论》的记载相同。薛禅王在位二十五年，他有四个儿子：朵儿只、真金[14]、忙哥剌、那木罕。真金有三个儿子：甘麻剌[15]王、答剌麻八剌[16]、完泽笃[17]王（原注：此王在位十三年）。答剌麻八剌王与王后宏吉剌氏生有二子：曲律王[18]（原注：此王在位四年）、阿苏达普颜笃[19]王（原注：此王在位九年）。阿苏达普颜笃王有二子，格坚[20]王、硕德八剌[21]王。格坚王的儿子为甘麻剌王[22]，甘麻剌王的儿子是也孙铁木儿[23]王（原注：此王在位五年），其子阿速吉八[24]王（原注：此王在位四十日）。曲律王有三子：和世竦[25]王（原注：此王在位一月）、郭鲁王、图帖睦尔夹都达[26]王。和世竦王之子懿璘质班[27]王（原注：此王在位十一年）。此后懿璘质班之兄妥欢铁木耳[28]王在位四十八年，权势极大（原注：此后王位失于汉人之大明王）。

以上所述史实，为精通汉蒙文献之金册大师喜饶益西于贡塘寺译为藏文。白蔡寺、贡塘寺两寺的寺主，种姓高贵具足功德的遍知一切蔡巴司徒格微洛追[29]收录在他写的史册中，我又从其中节录。读者要想详细了解此汉地蒙古的历史，可阅该史册。

佛教在汉蒙地区的传播，汉地蒙古历代王统传承之第三章完。

注释：

[1] 以上所说汉区王统传承，反映了当时藏族民间对汉地历史的认识和传闻。

[2] 朗日伦赞：即松赞干布的父亲，吐蕃第三十二代王。他为松赞干布统一青藏高原建立吐蕃王朝打下了基础。由于他兼并了赤邦松的辖区，当地人民及与他盟誓的各氏族成员共同尊称他为“赞普”，从此以后，赞普正式成为吐蕃国王的尊号。

[3] 松赞干布：汉文史料称弃宗弄赞、弃苏农。他是藏族古代史上的著名历史人物，也是中华民族历史上的一位杰出人物。松赞干布接替他的父亲朗日伦赞的王位后，先后兼并了西藏地区各部，并定都拉萨，兴建宫室。大约于633年在拉萨建立了吐蕃王朝，并为吐蕃王朝发展生产、创造文字、制定法律、划定行政区划、建立兵制等作出了卓越贡献。641年与唐朝文成公主联姻，为汉藏之间经济文化交流和友好关系作出了重要贡献。650年去世。

[4] 文成公主：藏语称甲萨贡觉，“甲萨”藏语意为汉人王妃，“贡觉”是公主的音译。藏语又称文成公主为莲花公主。文成公主是唐太宗的宗室女，641年与吐蕃赞普松赞干布联姻。在她的影响下中原地区的农具制造、纺织、建筑、碾磨等生产技术传到吐蕃，为吐蕃社会的发展和藏汉两族人民的友谊作出了重要贡献。直到今天，拉萨布达拉宫里还有为纪念她而造的塑像，藏族地区有不少有关文成公主的故事、传说。《王统世系明鉴》中有关文成公主的记载很大部分取自民间传说，并由作

者进行了文学加工。

[5] 墨阿葱王：即吐蕃赞普赤德祖赞，藏史亦称赤德祖赞墨阿葱。汉文史料称弃隶缩赞、乞黎苏笼腊赞等。赤德祖赞继赞普位后曾两次遣使唐朝请婚，707 年四月唐中宗决定以“所养雍王守礼女金城公主妻吐蕃赞普”，710 年，“命左骁卫大将军河源军使杨矩为送金城公主入吐蕃使。已卯，幸始平，送金城公主归吐蕃”。

[6] 金城公主：唐中宗所养雍王李守礼女，景龙四年（710 年）与吐蕃赞普赤德祖赞联姻，致力于唐蕃和好，屡促和盟，导致开元二十一年（733 年）唐蕃在赤岭划界立碑互市，对汉藏经济文化交流，卓有贡献。

[7] 木雅：即党项，党项羌亦称弥药，为古代西羌部落的一支，后为吐蕃所辖，吐蕃称之为木雅。吐蕃王朝解体后，党项兴起，宋代时在今银川建国，始于 1032 年，史称西夏王朝，1227 年被成吉思汗所建的蒙古汗国所灭。因西夏为党项部所建立，故藏语称西夏王朝亦用“木雅”一词。

[8] 蛮子拉尊：当指南宋少帝瀛国公赵显，他于 1276 年降元，封瀛国公，至元二十五年（1288 年），遣往吐蕃萨迦学佛法，曾翻译藏汉文佛教经籍数种。他后来以“讽动江南民心”的罪名被杀。藏语中对王族出身的僧人一般称拉尊，元代称南宋为蛮子，故藏文史籍称其为蛮子拉尊。这里所指的宋朝指北宋，而蛮子拉尊即瀛国公赵显是南宋皇帝，南宋灭于蒙古，并非灭于西夏，故疑上段文字有缺漏。

[9] 窝阔台：庙号为太宗英武皇帝，成吉思汗的第三个儿子，随成吉思汗伐金、平定西域等多有战功，成吉思汗死后继位，在位十三年。

[10] 贵由：即定宗简平皇帝，为窝阔台的长子，生于丙寅年（1206 年），随诸王按只带伐金，后随诸王拔都西征。1246 年即帝位于汪吉宿灭秃里之地。1248 年春三月，崩于横相乙儿之地，在位三年，寿四十三岁。

[11] 蒙哥：拖雷的长子，生于戊辰年（1208 年），被太宗皇帝收为养

子，随太宗征伐多立战功，与拔都征斡罗思部。定宗崩，辛亥年(1251年）夏六月诸王会于斡难河立蒙哥为皇帝。“蒙哥刚明雄毅，沉断而寡言，不乐燕饮，不好侈靡。凡有诏旨，必亲起草，更易数四，然后行之。”1259年崩于四川钓鱼山，寿五十二岁，在位九年，追谥桓肃皇帝，庙号宪宗。

[12] 忽必烈薛禅汗：即元世祖忽必烈，是元朝的第一位皇帝。1260年即大汗位，1271年改国号为元。《元史》中称忽必烈“度量弘广，知人善任使，信用儒术，用能以夏变夷，立经陈纪，所以为一代制者规模宏远矣”。1260年忽必烈封吐蕃僧人八思巴为国师，统天下释教，1270年又将八思巴升号为帝师。至元二十五年，元朝将掌管吐蕃地区军政事务及全国佛教事务的中央机构总制院改名为宣政院，后又以帝师领宣政院，从而加强了元中央王朝对藏区的管理。从八思巴起元朝有十四位藏族僧人担任帝师。忽必烈逝于1294年，在位三十五年。

[13] 此处之阿绕切即忽必烈之子奥鲁赤，受封为西平王，铁木耳别克即奥鲁赤之子铁木儿不花，受封为镇西武靖王，元代吐蕃地方为他们这一系的封地。铁木儿不花曾率兵入藏帮助萨迦派攻打止贡噶举。

[14] 真金：为元世祖忽必烈的嫡子，1261年封为燕王，守中书令。1273年二月立为皇太子，仍兼中书令，判枢密院事。至元二十年(1283年）死，享年四十二岁，未及即位。忽必烈逝后，由真金之子铁穆耳继位，是为元成宗，追号真金为文惠明孝皇帝，庙号裕宗。据藏文史料记载，大约在1274年左右真金太子护送八思巴返藏，1277年八思巴在曲弥发起有七万僧人参加的大法会，真金太子代表他父亲忽必烈承担法会的全部费用，并给每名僧人一钱黄金的布施，显示了元王朝和萨迦派之间的亲密关系。

[15] 甘麻剌：真金的长子。从小由祖母昭睿顺圣皇后抚育，日侍世祖左右。至元中，奉旨镇守北边。至元二十九年改封晋王，移镇北边，

统领太祖四大斡尔朵及军马。元贞六年正月死，享年四十岁，未即皇位。后追尊光圣仁孝皇帝，庙号显宗。

[16] 答剌麻八剌：真金的次子。至元二十八年奉诏出镇怀州，染疾死，享年二十九岁，未即皇位。追尊昭圣衍孝皇帝，庙号顺宗。

[17] 完泽笃：即元成宗铁穆耳，真金之子。至元二年九月生，至元三十年受皇太子宝，抚军于北边。至元三十一年四月甲午即皇帝位。大德十一年春正月崩。在位十三年。元史称“成宗承天下混一之后，垂拱而治，可谓善于守成者矣”。

[18] 曲律王：又称海山，为答剌麻八剌之子。成宗大德三年，总兵北边。大德八年十月，封怀宁王，赐金印，置王傅官，食瑞州六万五千户。十一年五月即帝位于大都。至大四年（1311年）春正月崩，在位五年（此书原文称此王在位四年崩），寿三十一岁。追谥为仁惠宣孝皇帝，庙号武宗。其蒙语尊号为曲律皇帝。

[19] 阿苏达普颜笃：即爱育黎拔力八达，又称普颜笃汗。为答剌麻八剌之次子，海山之弟。1311年即帝位，崩于1320年，在位十年(此书原文称其在位九年)，寿三十六岁。群臣上谥号圣文衍孝皇帝，庙号仁宗。其蒙语尊号为普颜笃皇帝。

[20] 格坚王：即硕德八剌，元仁宗爱育黎拔力八达嫡子。延祐三年十二月立为皇太子，授金宝，开府置官属。六年十月受玉册，诏命百司庶务必先启太子，然后奏闻。七年三月（1320年）即帝位，1332年崩，在位三年，谥号睿圣文孝皇帝，庙号英宗。其蒙语尊号为格坚皇帝。

[21] 硕德八剌即格坚皇帝，原文记载有错，元仁宗爱育黎拔力八达的第二子为兀都思不花。

[22] 甘麻剌：原文记载有错，甘麻剌并非格坚的儿子，而是裕宗真金的长子。详见注 [15]。

[23] 也孙铁木儿：为甘麻剌长子，裕宗真金的嫡孙，生于至元十三

年十月二十九日，大德六年袭晋王镇北边。他的父亲甘麻剌并未即皇位，至治三年英宗皇帝硕德八剌被弑，立也孙铁木儿为皇帝，号为泰定帝，前一任皇帝硕德八剌是他的侄子。致和元年（1328年）秋七月崩，在位五年，寿三十六岁。《元史》称“泰定之世，灾异数见，君臣之间，亦未见其引咎责躬之实。然能知守祖宗之法以行，天下无事，号称治平，兹其所以为足称也”。

[24] 阿速吉八：为也孙铁木儿子。致和元年九月即皇位改元天顺，同年死。

[25] 和世竦：即元明宗翼献景孝皇帝，为武宗海山之长子。大德三年（1299年）生，元文宗天历二年正月丙戌即帝位于和宁之北，天历二年八月庚寅暴崩，在位一年，寿三十岁。藏文原文注此王在位一月有错。

[26] 图帖睦尔夹都达：即元文宗图帖睦尔，武宗海山的次子，和世竦为其兄。他于1328年先即皇位，1329年让位于其兄和世竦，和世竦即位后同年八月暴卒，图帖睦尔复即皇位，至顺三年（1332年）八月崩，在位五年，寿二十九。

[27] 懿璘质班：为元明宗和世竦次子，于至顺三年（1332年）十月庚子即帝位，同年十一月崩，在位一月。谥号冲圣嗣孝皇帝，庙号宁宗。藏文原文注此王在位十一年有错。

[28] 妥欢铁木耳：为元明宗和世竦长子，于至顺四年（即元统元年，1333年）六月即皇位，1368年退出中原，1370年死，在位三十六年。原文称此王在位四十八年错。妥欢铁木耳是元朝最后一个皇帝。

[29] 蔡巴司徒格微洛追：亦名蔡巴·贡噶多吉，藏历第五饶迥土鸡年（1309年）生，第六饶迥木蛇年（1364年）卒。其父仲钦曼兰多吉曾任蔡巴万户府（《元史》作擦里巴）万户长十三年。蔡巴·贡噶多吉十五岁时（1323年）任蔡巴万户长，十六岁时赴大都朝觐也孙铁木儿，敕封万户长之职，并赐银印等。他任万户长达十四年，其间维修贡塘寺、大昭

寺、布达拉宫等，并迎请布顿大师校勘那塘大藏经（《甘珠尔》），造金银汁书写的蔡巴《甘珠尔》二百六十函。后因反对帕竹噶举的大司徒绛曲坚赞，失败后被迫将万户长之职交给其弟扎巴喜饶，自己出家为僧，攻读经籍，成为知名学者。其著作以《红史》最为著名，该书从1346年开始写作，至1363年完成。

第四章　圣观世音于莲花上降生六字真言之功德

有雪藏地佛法弘扬之因由如下：以前，释迦牟尼佛在竹园林中众阿罗汉的围绕中静坐时，释迦牟尼的眉间白毫毛放射出一道彩虹般的五色光芒，射到北方有雪之地方。释迦牟尼在座位上看见这一情形，脸上现出微笑，各位菩萨为除疑惑，请释迦牟尼说明原因（原注：《白莲花经》中说）。释迦牟尼教喻说："善男子，北方雪国是三世佛[1]都未曾教化过的地方，是满布魔怪的边地，但是，到将来那里佛教将像太阳升起一样光大弘扬，有情众生将走上获得解脱的菩提道。完成这个调伏边地的善业者，应该是圣者观世音[2]菩萨。因为从前观世音菩萨修行时，曾在一千尊佛的面前发过这样的誓愿：‘我一定要把三世佛都未到过的雪国边地的难调伏的有情众生引到解脱的正道上，使这块边地成为我所调伏之地；我要像父母一样对待那里的精灵鬼怪们，我要做众生解脱的导师，驱除黑暗的明灯，我将使三世佛等一切如来佛所说的教法全部弘扬，长驻边地永久不衰；我将使该处众有情闻三宝之名、受三宝之护佑、获得善趣之身、享受圣教正法的受用，我将以教化一切之力使众有情成熟解脱，使雪国边地变成一个宝洲，这是我的心愿。’由于这个誓愿，三世佛未曾调伏的雪国边地，应当由观世音菩萨教化。”释迦牟尼如此说毕，又由心间放射出一道形状像布扎日噶花的白光，照耀世间，然后没入西方极乐界的无量光佛[3]的心间。又由无量光佛的心间放射光明，射入莲花海中，这预示教化有雪边地的化身佛将要出世。

那极乐世界黄金大地的情景，有如下的描述：

大地像画出的平展展的棋盘，
尘世的土石在这儿连名字都未听说过；
开心醒智的神火熊熊地燃烧，
尘世的烟火在这儿连名字都未听说过；
具有八种功德的水长流不止，
尘世的水流在这儿连名字都未听说过；
用菩提宝树将大地装饰打扮，
尘世的草木在这儿根本无处立脚；
随时都有静定之食可以享用，
饥渴之苦在这儿根本未曾有过；
穿着正戒洁净的袈裟衣服，
尘世凡装在这儿从未有过；
自身就有光明把自己照耀，

太阳月亮的名字也未曾听说；
大众都懂得谦让和礼节，
从未有过战争伤害和争论；
极乐世界里充满欢乐和幸福，
根本不知苦难灾祸是何物；
极乐世界根本没有死亡的悲痛，
连轮回流转的名称也未听说过；
极乐世界佛陀没有三身的区别，
有情众生的名称也从未听说；
极乐世界大众都得享金刚无量寿，
衰老死亡的事情从来未曾有过；
极乐世界人身不由四大元素组成，
疾病疼痛的名字也从未听说；
就像莲花树一样由神幻出生，
尘世的“四生”[4]在那儿从来未曾有过。

在那阿弥陀佛国，有个名叫桑布乔的法王，想向佛献花，他派遣仆役到莲花海边去采花，看见海中有一株大莲花，茎枝有轭木那么粗，莲叶有盾牌那么大，在千片莲叶的中央，有大瓮那么大的花苞放射出各种光辉。仆人回来禀告法王。法王十分惊异，建造一艘大船与随从携带各种供品，到莲花花荫下供养、祝愿。此时花苞开裂成四瓣，花蕊里坐着调伏边地的神变化身。他双腿成金刚跏趺，一张脸四只手，两只手在胸前合掌，另外两只手的右手拿着白水晶念珠，左手拿着白色莲花朝向耳际，相貌端庄，装饰着各种珍宝，穿着绸缎做的衣服，身体的颜色如同雪山日出，左肩披黑羚羊皮，掩住乳际，梳着五束发髻，发髻上有珍宝，脸带可爱的微笑，光芒照射十方。法王与随从们都喜悦崇敬，于是用各种音乐迎请这个化身到法王的宫殿。法王在无量光佛面前祈请说：

从莲花海的莲蕊里面，
幻化生出梳髻的化身，
色如雪山佩戴各种珍宝，
模样俊俏使人十分心爱。
这世间罕有的端庄化身，
他是继嗣我的王统的王子？
还是利益众生的神佛化身？

无量光佛回答说：

长满八瓣莲花的海洋中，
从莲花中生出化身佛子，
他是大慈大悲观音菩萨，
身色洁白如同那君陀花，
佩戴珍宝相貌庄严俊美。
他并非继承你的王统而来，
他将在有雪边地弘扬佛法，
他是那教化一切的佛的化身，
他大慈大悲将利益天下众生。

无量光佛为这化身摩顶，并说："善男子，此有雪边地的众生，过去世佛都未曾教化过，未来世佛也未曾教化，今世佛也难以对他们教化，由于以前的誓愿的愿力你将教化他们，善哉！善哉！边地雪国的众生有情，看见圣者你的身体，听见六字真言[5]，就会立刻脱离三恶趣[6]，获得善趣界之身；边地雪国的厉鬼魔障、肉食罗刹等伤生害命的精灵看见圣者你的身体，听到六字真言，将熄灭邪恶之念，生利乐慈悲之心；边地雪国的虎豹熊罴等发声可怖，食肉饮血，害命伤生的凶顽野兽见到圣者你的身体，听到六字真言，将熄灭毒害之心，互相慈爱如敬父母；边地雪国那些为饥渴所苦，备受灾难折磨的众生看见你的身体，听到六字真言，将像获得甘露美食，诸愿满足，除此饥渴之苦；边地雪国的悲惨不幸、眼瞎患病、器官不全、无依无助的众生，看见圣者你的身体，听到六字真言，就会诸病痊愈，器官齐全，身强力壮；边地雪国的众生看见圣者你的身体，临死的也会延长寿命，染有病痛的也会得到良药治愈，无依无靠的会得到依靠，无人帮助的会得到帮助。边地雪国众生的本尊神[7]是你观世音菩萨，由于你的缘故，未来时将有无数神佛菩萨降临此境，弘扬佛法，该处佛法的善根是六字真言，依靠这六字真言，未来时在此边地，所有佛教经典将广为传播，享受圣教教法的受用。‘唵嘛呢叭咪吽’这六字真言，乃是诸佛思想之聚集，八万四千经论的精英，五部佛主与秘密主之心要。这六个字每字都是陀罗尼咒之聚合，善业与功德之本源，利乐成就的根本，善趣与解脱的大道。‘唵嘛呢叭咪吽’这各种经论辑要的六字真言，只要看见一次，就可以得到无反复的佛地，成为脱离轮回的尊者。即便只是听见它，也可以得善趣身，成为脱离轮回的尊者。即使是一只蚂蚁、一头牲畜，只要在临死前亲耳听到六字真言，也能脱离牲畜道转生三善道。即使是只在心中思念六字真言，也会像雪山受到太阳照耀一样，前世没有积福的，也可以依此断除苦根魔碍，转生极乐世界。若触摸六字真言，就如同受到诸佛、菩萨的灌顶一样。只要修习一遍六字真言，就可以抵得上闻念三遍的功用，眼前现法身，世间宝藏开。要是把六字真言佩在身上，善男子的身体可变成佛的舍利，可以免除四百零四种病患，火、水、毒、兵刃、上下诸魔都不能加害。若是把六字真言写到珍宝、布帛、纸、树皮，乃至土块石头上，也可以与写八万四千部经典的功德相等，今生得到利乐受用，此生此世可以得到佛果，对此不可怀疑和三心二意。山王须弥山的重量可以一两一两地量完，念诵一次六字真言的功德无法量完；用布每百年擦一次金刚岩可以把它擦掉，而念诵一次六字真言的功德谁也无法把它算完；大海的水可以一滴一滴地把它量完，而念诵一次六字真言的功德谁也无法算清；边地雪国的尘土、草木、森林可以一一数清，而念诵一次六字真言的功德谁也无法量尽。又比如在一百由旬的大厦里装满芝麻，每天取出一粒，总有取完的时候，而念诵一次六字真言的功德永无穷尽；十二个月昼夜不停降雨，所降之水可以一滴一滴排尽，念诵一次六字真言之功德永无穷尽，这样的例子在善男子面前不须多说。供养我等亿万神佛所得的功德可以量尽，而念诵一次六字真言的功德不能量尽。'唵嘛呢叭咪吽'这六字真言，'唵'对诸天神除死亡之苦，'嘛'对非天除争执之苦，'呢'对世人除生老病死之苦，'叭'对畜生除役使之苦，'咪'对饿鬼除饥渴之苦，'吽'对地狱除冻灼之苦。"正是：

众佛齐声赞美过它，
所有教法集中于它，
受到六字真言灌顶，
众生因此呈现吉祥。
聚集众佛心要的真言，
今天把它传授给你。
犹如在众佛聚会时，
使你受五部佛灌顶。
"唵"字是布施波罗蜜多，
能破吝啬贪鄙之心，
祈求各部神佛的法身，

对你灌顶加持护佑。
“嘛”字是忍耐波罗蜜多，
能破除嗔怒记恨之心，
祈求各部神佛的报身，
对你灌顶加持护佑。
“呢”字是持戒波罗蜜多，
能破除无明错失之障，
祈求各部神佛的化身，
对你灌顶加持护佑。
“叭”字是禅定波罗蜜多，
能破心思散乱之障，
请那遍知一切的佛身，
对你灌顶加持护佑。
“咪”字是精进波罗蜜多，
能破除懒惰懈怠之心，
请那充满智慧的佛语，
对你灌顶加持护佑。
“吽”字是智慧波罗蜜多。
能破除造业烦恼之障，
请聚集各种法力的佛意，
对你灌顶加持护佑。
诸佛加持的六字真言，
念诵它如同金刚之声，
请这至高无上的教法心要，
对你灌顶加持护佑。

说着，无量光佛为化身菩萨灌顶，余水上溢，头顶出现光明，成为头饰。无量光佛又赞颂道：

“唵”字使人具有五明，
“嘛”字使人产生慈悲，
“呢”字引人脱离六道，
“叭”字为人消灾息苦，
“咪”字为人烧掉魔障，
“吽”字使人功德圆满，
六字真言无边法力，
引导边地雪国众生，
走上解脱光明正道。
它是神佛的护佑，
教法聚集的精要，
一切利乐的本源，
各种成就的根本，
登上善趣的阶梯，
防堕恶趣的关隘，
脱离轮回的舟船，
驱除黑暗的明灯，
摧毁五毒的勇士，
焚烧魔障的火焰，
砸掉苦难的铁锤，
调伏边地的缘主，
边地雪国的法缘，
各部经论的聚集，

闻思修习的心要，
最为尊胜的神佛。
牢记诵念六字真言，
六字真言的护佑，
将使边地雪国众生，
走上成熟解脱正道，
佛教教法光大弘扬。

无量光佛如此赞颂完毕。

圣观世音于莲花上降生，六字真言之功德之第四章完。

注释：

[1] 三世佛：一是指过去佛燃灯佛、现在佛释迦牟尼佛、未来佛弥勒佛；一是指东方净琉璃世界的药师佛、娑婆世界的释迦牟尼佛、西方极乐世界的阿弥陀佛。

[2] 观世音：佛教说是阿弥陀佛的左胁侍者，为西方三圣之一，又说他是大慈大悲的菩萨，遇难众生只要诵念其名号，“菩萨即时观表音声”，前往拯救解脱，故名观世音。唐时因避唐太宗李世民名讳，简称为观音。汉地佛教以其为四大菩萨之一，并称其显灵说法的道场在南海普陀山（浙江舟山群岛上）。观世音有各种不同名称和形象，自唐以后，汉地佛寺多塑观世音为女身。藏传佛教称松赞干布为十一面观世音的化身，故对观世音极为崇奉，不过藏传佛教寺院所塑观世音像俱为男身。

[3] 无量光佛：即阿弥陀佛的名号之一。阿弥陀佛有十三个名号，即无量寿佛、无量光佛、无边光佛、无碍光佛、无对光佛、焰王光佛、清净光佛、欢喜光佛、智慧光佛、不断光佛、难思光佛、无称光佛、超日

月光佛等。佛经中说他是西方“极乐世界”的教主。佛教寺院中常与释迦牟尼佛、药师佛并列在一起塑像供奉。

[4] 四生：佛教说六道众生有四种形态：一、卵生；二、胎生；三、湿生；四、化生。总名为四生。

[5] 六字真言：指“唵、嘛、呢、叭、咪、吽”六个字，据说是佛教秘密莲花部的根本真言。

[6] 三恶趣：佛教用语。佛教所说与行善业相应的三种转生趋向：天、人、阿修罗，称为三善趣。与此相反，三种与行恶业相应的转生趋向：地狱、畜生、饿鬼称为三恶趣。

[7] 本尊神：佛教在修习某种佛法时，以某一特定的神佛为修习的主尊，称为本尊神。

第五章　圣观世音菩萨发愿引领雪国众生证得解脱

圣者观世音菩萨，为利益边地雪国的众生有情，在无量光佛面前，产生大慈悲心，他将左膝膝盖骨着地合掌礼拜，并发誓愿说：“我将引领三界六道[1]的众生有情获得平安，尤其要引领雪国藏土众生走上安乐之道。我在引领这些难以教化的众生获得解脱正道之前，任何时刻都绝不生倦烦及自求安乐的念头。若生此念，我的头将像锦葵花的花苞裂为十瓣，我的身体将像莲花的花瓣裂为千瓣。”立誓之后，他就到地狱中去，说六字真言，传布利乐平安，平息地狱众生的冷冻灼热之苦。然后，他又到饿鬼界中去，说六字真言，传布利乐平安，消除饿鬼众生的饥渴之苦。然后，他又到牲畜界中去，说六字真言，传布利乐平安，消除牲畜众生被役使之苦。然后，他又到人世间，说六字真言，传布利乐平安，消除人们生老病死之苦。然后，他又到非天界中，说六字真言，传布利乐平安，消除非天众生的争斗之苦。然后，他又到天界，说六字真言，传布利乐平安，消除诸天神堕落轮回之苦。此后，他又到雪国边地，看见上方阿里三围[2]形状如同水池，是野兽之洲，对它们诵六字真言，传布利乐平安。又看见下部多康三岗[3]形状如同农田，是鸟禽之洲，对它们念诵六字真言，传布利乐平安。又看见中部卫藏四茹[4]形状如同沟渠，是猛兽之洲，对它们念诵六字真言，传布利乐平安。此后，他又到拉萨红山[5]顶上，往上部一看，见倭塘湖[6]是一座苦难的地狱，无数万生灵在其中受烧煮饥渴等难耐之苦，发出悲呼号叫之声。圣观世音菩萨见此情状，不觉流下眼泪。从他的右眼中流出的泪珠，落在地上化为佛母忿怒母，她对圣观世音菩萨说道："善男子，你在利益雪国众生的时候不要悲苦，我将帮助你利益此地众生。"说完又没入右眼中，她就是后世的尼泊尔王妃赤尊公主。由观世音菩萨左眼中流出的泪珠落在地上化为佛母救度母[7]，她对圣观世音菩萨说道："善男子，你在利益雪国众生时不要悲苦，我将帮助你利益此地众生。"说完又没入左眼中，她就是后来之汉地公主。于是，圣观世音菩萨到此湖边，念诵六字真言，以无量慈悲说道：

只因为以前积下的恶业，
堕入这无底的苦难地狱，
受这难忍的苦痛煎熬，
我要领你们到解脱之洲；
沸腾的苦海中受蒸煮，
地狱之火将你常烧灼，
没有依靠只能悲呼号叫，

我要为你降下清凉甘露；
湖中无数万受难的生灵，
冻灼饥渴时刻将你煎逼，
舍此苦身快到我的身边，
我让你转生有教法的善地，
唵嘛呢叭咪吽！

观世音菩萨如此说毕，地狱众生灼热冰冻之苦立刻停息，身得平安，心离烦苦，被引领到正觉解脱之道。这样，观世音菩萨将三界六道、边地雪国难教化的众生引领到安乐之地。观世音菩萨心劳力疲，闭关静息。后来，观世音菩萨再到布达拉山顶观看，看见雪国的生灵被引领至正觉解脱之道的，一百份中不过几份而已，看到这情景，他心中十分失望，产生了懈怠的念头。由于以前他发的誓愿，观世音菩萨的头忽然裂为十瓣，身体裂为千块。此时观世音菩萨即向无量光佛祈请，无量光佛刹那间赶到，用手将观世音菩萨碎裂的头和身体聚拢。无量光佛说道：

诸法都是因缘，
誓愿须要坚定。
不论何时立誓，
结果总会显出。
诸佛赞美信誓，
使它具有法力，
若是一旦违犯，
就会得到结局。

无量光佛又对观世音菩萨说道：善男子，你不必悲苦，你的头裂为十块，十个头都受加持。十张脸是十波罗蜜多，加上顶上的无量光陀罗尼咒，十一张脸都受加持，正是：

十一个头上都有无数光明，
愤怒和平都能使善业增长，
众生都向观世音菩萨顶礼！

你的身体像莲花裂为千块，千只手都受加持，千只手是一千个转轮王，一千只手的上面又有一千只眼受到加持：

千只眼是一千个贤劫佛，
向具有教化一切法力的
观世音菩萨虔诚顶礼！
千佛都为你的誓言作证，
千佛都预言你教化边地，
用你无边法力利益众生，
众生都要向你虔诚顶礼！

无量光佛如此说毕，观世音菩萨为教化雪国众生，又示现许多化身，使所有众生都证得解脱。

圣观世音菩萨发愿引领雪国众生证得解脱之第五章完。

注释：

[1] 三界六道：佛教把世俗和世界划为欲界、色界、无色界。六道也称六趣，即天、人、阿修罗、地狱、饿鬼、畜生。根据佛教的说法，人

如果做了“坏事”，死后就会堕入三恶趣。人如果做“好事”，死后就会转生三善趣，历若干积善而不做坏事，可以成佛，升入“极乐世界”。

[2] 阿里三围：西藏古地理名词，指今西藏自治区阿里地区，其中的芒域（今普兰县及克什米尔印占区的拉达克）为湖泊环绕之区，桑迦（在今普兰县境）为雪山环绕之区，古格（今札达县）为岩石环绕之区，故称三围。元代译为纳里速古鲁孙。

[3] 多康三岗：西藏古地理名词，指今甘青川三省藏族地区及西藏自治区的昌都市。元代称甘青藏区为脱思麻，称甘孜、昌都为朵甘思，即源于此。

[4] 卫藏四茹：西藏古地理名词，指以拉萨为中心的前藏和以日喀则为中心的后藏，因吐蕃时代将这一地区划分为四个茹，作为军事行政单位，故有卫藏四茹之称。

[5] 拉萨红山：即今拉萨布达拉宫所在的小山，古称拉萨玛波日(即拉萨红山)，佛教传入吐蕃后，以该地为观世音菩萨居处，故称布达拉(即普陀山)。

[6] 倭塘湖：相传拉萨大昭寺所在的地方古代为一湖泊，名倭塘湖。

[7] 救度母：是藏传佛教的女神名。传说是观世音菩萨化身的救苦救难的本尊，共有二十一相。藏族地区的寺院中常见的有白度母、绿度母等。

第六章　圣观世音化身马王利益众生

圣者观世音菩萨，为了用各种方法利益有情众生，显现善恶取舍的道理，据《全箧经》的记载，他变化为马王[1]绛西巴拉哈之身，利益有情众生。这个故事如下：在印度南方，有许多福德浅薄的商人，想去外海大洋取宝，商人各自携带所需物品用具，登上一艘大船，他们航行到第七天时，遇到一场逆风的阻挡。那风暴的情景，有诗为证：

中午时分乌云黑雾齐来，
太阳无光四下黑暗笼罩，
狂风可怖吹得大地晃摇，

树木难以支持纷纷跌倒，
大海就像狂狮乱蹦乱跳，
波涛汹涌使天海连在一道。
商人们互牵衣襟难以站稳，
呼爹叫娘一片悲惨嚎叫，
到此时再哭喊又有何用，
无依无靠血和泪涌出眼眶，
船再大被粉碎性命难逃。

船破之后，众商人各自抱着碎木板逃生，随着风浪漂流，被送到女魔居住的楞伽岛岸边。众商人呼兄叫弟，纷纷爬上陆地，遇到几个女魔变化的美貌女子，带着许多食品，来到众商人跟前，慰问道："你们累坏了吧！是不是苦恼？"并花言巧语地骗商人们饱餐一顿。商人们不知她们是女魔，只见她们十分美貌，非常喜爱，互相说些亲热怜爱的话。女魔们众口一致说："你们商人千万别到山沟里去。"于是，妇人们各领一个商人回到其家中，结为夫妇，生育子女，享受安乐。有一天，天空中有声音说：

命苦倒霉的商人们，
逆风把你们带到此，
野兽钻进了罗网中，
阎罗的手中难逃命。
在此娶妻的笨汉们，
错把这女魔当仙女，
误食她们的迷魂食，
前事如梦早已忘记，

还觉得欢乐意满足。

商人们的首领听到这一声音，知道这里是女魔之岛，感到悲伤失望。他想："眼下虽然幸福，以后会如何呢？"心中十分不安。又想起："她们不让到山谷中去，那里到底有什么呢？"于是他等自己的妻子熟睡之后，连夜到山谷中去观看，只见一间没有门的铁屋，里面喧闹声不绝。他想，这是怎么回事？仔细一听，听出是印度客商的乡音，又见房跟前有一棵树，于是爬到树上去，向屋里问道："屋子里是什么人？"屋里的人答道："我们是迷路之商人。"又问道："你们在里面关了多久啦？"里面答道："我们与你们一样，也是行船遇上逆风，漂流到此，被这些女人领来。因为不知她们是女魔，乃结为夫妇，生育儿女，暂得安乐。你们来此地之时，女魔们就把我们关到这间没有门的铁屋中，不久就要把我们吞食，我们悲惨，命也快要完了，看我们的榜样，你们还是火速逃命吧！现在正是逃脱的好时机，等到被关进这铁屋中，想逃也逃不掉了！"商人的首领说："确实应该逃走，只是没有法子。"屋里的人说："有逃脱的办法，我们也曾经跑过，只因留恋享乐，又被追回。你们无论如何也不要留恋此处的安乐，就可以逃脱。逃脱的方法是这样的：从此地越过一座小山，北面有一处金色沙滩，中间有一个玉水泉，四周有吠琉璃一般的草地。每到十五的夜晚，有一匹名叫巴拉哈的马王从空中与月光一起降临此地，马王身材妙美，背脊上可容百人。这马王在那里喝玉泉水，吃吠琉璃草，然后在金沙上打滚三次，抖动身体一次，然后用人的言语说：'印度客商流落在这女魔岛上的，都快到我的背上来，我可以送你们返回故乡。'你们骑到马上以后，千万不要贪恋享乐及子女，紧闭双目，就可以逃离此地！"商人首领下了决心要这样办。然后，他回到家中，爬上他妻子的床时，妻子发觉他出去过，骂道："倒运的商人！你要找死啊？你要是有什么别的念头，是自取灭亡！"又问道："你到哪里去了许久，身体这样凉？”商人回答说：“我解小便去了？”这样瞒混过去。此后，商人首领秘密地召集商人们，向他们叙述这件事的经过，众商人都决定逃亡。到了十五夜晚，他们给女魔们吃了迷药，使她们蒙胧睡去。首领带着商人们翻过小山，跑到金沙滩上的玉泉水边的吠琉璃草地上，等候那马王巴拉哈。过了一会儿，果然见到马王伴随着彩虹般的月光从天空降临。马王喝了玉泉水，吃了吠琉璃草，又在金沙上打滚三次，抖动一阵身体，用人的言语说道：“谁是流落在魔岛上的商人，都骑到我的背上来，不要留恋魔女的美貌，孩子幼小，莫要贪图安乐，你们闭上双眼，我送你们返回故乡。”商人首领向马王说道：

引渡众生的化身马王，
我们是流落此处的客商，
当初结伴下海来求宝，
没有福分船毁在海上，
逆风吹送到这魔女岛，
罪业使我遇到女魔阎罗王，
想逃走找不到逃脱门道，
请马王发慈悲将我关照！

说完之后，首领骑到马脖子上，双手抓住马耳朵，众商人骑到背上。马王说：“女魔的房屋、子女、安乐等千万不要留恋，不要三心二意，未到大海的对岸时，你们要双目紧闭，不可睁开眼睛。”说完，马王驮着众商人腾空而上。这时女魔们发觉商人逃走，带着子女追来，大声呼喊道：

修得高高的房屋也忍心抛弃吗？

爱得深深的妻子也忍心抛弃吗？
血肉相连的子女也忍心抛弃吗？
味道香美的饮食也忍心抛弃吗？
你们这些无耻的昧良心的人啊！

那些女魔有的把幼子抛到空中，有的脱下衣服挥舞，召唤商人们回来。商人们听到这些哭叫，犹如利箭穿心，觉得女魔们说得有理，不由得回头去看。除商人首领一个人外，其余的都因为回头看顾而坠落到地上。他们落地后立即就被女魔抓住，这时的女魔已不再是美女的面貌而现出了魔身，毛发竖立，奶头搭在肩上，露出獠牙，不由分说地把商人们吞吃下去。

马王到达大海对岸后，对商人首领说："现在可以睁开眼睛下地。"商人首领睁开眼后，见马背上的商人一个都不在了，十分悲伤，向马王问道："天神马王，同行的商人都到哪里去了？"马王用蹄子刨着地面，流着眼泪说道：

你那些福德浅薄的商人们啊！
并不真正思念自己的家乡，
留恋魔地使他们招致败亡；
并不真正思念父母和亲友，
贪恋魔女美色而招致败亡；
并不真正思念亲生的子女，
顾惜魔鬼子女而招致败亡。
噫唏！这些可悲可叹的众生，
就像徒弟杀死了金刚上师，
永远堕入无边苦难的地狱，

上师再发慈悲也难以拯救；
又像因持邪见的不肖子弟，
大海之中被逆风卷带而去，
父母再难舍割也无法拯救；
又像不听良言相劝的商人，
回顾魔岛而不能脱离罗网，
马王腾空飞翔也无法拯救。
今生苦乐只不过幻梦一场，
山涧水空中雷转瞬就消逝，
看这些切莫再留恋尘世间。

马王说完后，又对商人首领讲说四圣谛[2]，商人首领这才擦泪止悲。马王将他送到可以望见他家乡的地方后，又飞向天空像一道彩虹消逝。

商人首领返回家乡后，父母亲朋相聚而来，拉着他痛哭，又说了不少劝慰庆幸的话。这时其余商人的父母亲朋也赶来，问道：“我的爸爸在哪里？”“我的儿子在哪里？”呼喊着商人们的名字又哭又叫。商人首领把各个商人的父母亲朋召集到一起，给他们讲说他们在海上遇风毁船，漂流到女魔岛上，因不知那些女子是魔鬼而和她们结成夫妇，生育子女，到知道是魔鬼时，才设法逃跑，依照铁屋中的人教给的逃跑办法，骑上马背，又因为商人们未听马王的教诲，回头看顾，坠落到魔地的详细经过。于是众人对轮回世间产生厌倦，相信因果报应，信奉了佛教。从这个例子看来，那些贪恋今生安乐而积恶果的人们，就像那些商人回头反顾而坠落魔地一样，陷入轮回恶道而永无解脱之时。只有那些不留恋今生安乐而信奉佛教的人们，才像这个商人首领一样能得到善趣解脱而渐渐成佛。

圣观世音化身马王利益众生之第六章完。

注释：

[1] 马王：也称马头明王、马头观音，佛教菩萨名，六大观音菩萨之一。以马头为头部，故名。亦称“马头大士”，为观世音的自性身，形貌忿怒威猛，摧伏妖魔，佛经中说他：“作极吼怒状，此是莲花部忿怒持明王也。”

[2] 四圣谛：佛教的基本教义之一，即苦谛、集谛、灭谛、道谛。佛教认为世俗人生一切都是苦，而苦是因为人们造业，要解脱苦难只有断灭世俗诸苦的根源，由此可以走上解脱苦难的正道。

第七章　由猕猴岩魔女传出西藏之人种

圣观世音菩萨，对一神变示现的猕猴，授给近事戒律[1]，派遣到西藏雪国的地方修行。这个猕猴到一个黑色山岩上修行，当他修习菩提慈悲之心，对于甚深之佛法性空生起胜解的时候，有一个被业力所驱使的岩妖魔女来到那里，用爱慕求欢的话语挑逗，后来魔女又穿上妇人的服装，对猕猴说："我们俩人结成夫妇吧!"猕猴回答说："我是圣观世音菩萨的居士，如果当你的丈夫，就会破了我的戒行。"魔女说："你不当我的丈夫，我的命就完了。"魔女睡到猕猴跟前，后来又爬起来对猕猴说：

哎呀！我的大猴王，

请你听我几句话!
我因命运投生为魔女，
爱情萌发偏偏爱上你，
爱慕使我围着你乞求。
要是不能和你结夫妻，
日后只能跟着魔鬼去，
每天伤害生灵到数万，
每夜吞食生灵也上千。
还要生下无数魔鬼崽，
将这雪域土地都充满，
使它变成魔鬼的城郭，
魔鬼会把众生都吃尽。
因此请你对我发慈悲。

魔女这样苦苦哀求，以至流下眼泪。猕猴菩萨想道："要是当了她的丈夫，就破了戒行，不当她的丈夫，又有大罪孽，应该怎么办？"猕猴立即到普陀山圣观世音菩萨的面前，向观世音菩萨求教说：

唉！众生慈悲的依怙呀，
我守戒如同保护生命，
有一岩妖魔女怀欲望，
前来挑逗悲泣诉情肠，
纠缠不去要夺我的戒，
似此应该如何护戒律，
慈悲菩萨请你教给我!

如此说罢，观世音菩萨回答说：“那你就当岩妖魔女的丈夫吧!”这时忿怒母和救度母二人也在空中同声称善。于是，观世音菩萨为猕猴及魔女祝福，使他们配成夫妻。这件事对边地雪国具有三种功德：未来之时能使佛教弘扬常存；善知识不断出世，宝藏开发；利乐善业遍及十方，吉祥如意。

猕猴与魔女结为眷属以后，生下了六个猴崽，他们分别由轮回六道的生灵投胎而来，因而性情不同：由地狱投生的猴崽，脸色暗黑，能耐苦；由饿鬼处投生的猴崽，面貌丑陋，贪吃饮食；由牲畜处投生的猴崽，粗笨懒惰，性情顽固；由人世间投生的猴崽，见多识广，细心小气；由非天处投生的猴崽，身体健壮，容易嫉妒；由天神处投生的猴崽，深谋远虑，性情善良。这六个猴崽被其父猕猴菩萨送到叫作鸟集林的水果丰盛的地方。过了三年，父猴菩萨前去观看，只见猴崽们已增加到五百个，这时树上的果实已经吃完，又别无可吃的食物。当父母的还未得食，而子女们已在呼叫：“爸爸在吃什么呀!”“妈妈在吃什么呀!”举手呼号，情景悲惨。父猴想道：“我养了这么多猴崽，并不是由于我的愚痴，而是由于遵从观世音菩萨的吩咐造成的。”于是他立即赶到普陀山，向观世音菩萨说道：

唉，不知家室是轮回世间的监狱，
不知魔女的诱惑是纯粹的欺骗，
子女使我掉入轮回的泥潭。
不知欲念乃是有毒的树叶，
如今才知同情她乃是受骗。
欲念已把我缠，大山已把我压，
烦恼之苦已步步种下恶业，
苦难已将我逼得难以喘息。

哎呀呀，大慈大悲的菩萨呀，
如今我怎么能把子孙养活？
听你吩咐才有了这般噩运，
如今我已掉进了饿鬼之城，
再往后只怕是难逃下地狱的命。
因此上请菩萨慈悲护佑！

父猴这样说完，观世音菩萨说道：“你的子孙后代，由我来抚养。”于是观世音菩萨起身，从须弥山的缝隙中取来青稞、小麦、豆子、荞麦、大麦芽，撒到大地上，使那里长满不种自生的谷物，交付给他们，并吩咐说：“吃吧!”由于这个缘故，该地后来被称为梭当巩波山。此后猴崽们在那里饱食谷物，身上的毛和尾巴都变短了，又慢慢懂得使用语言，这样变成了人。当时的人吃不种自生之谷物，穿树叶做的衣服。如此，由于西藏的人种，是猕猴菩萨和岩妖魔女传出的缘故，分成为两类，父猴菩萨传出的一类，性情宽和，信仰虔诚，心地慈悲，勤奋努力，爱做善业，出语和柔，长于辞令，这是父猴的遗种也。岩妖魔女传出的一类，贪欲好怒，经商谋利，好盘算，喜争执，嬉笑无度，身强勇敢，行无恒毅，动作敏捷，五毒炽盛，喜闻人过，愤怒暴急，这是魔女的遗种也。当时，在藏地遍山都是森林，山谷里充满了水，后来工布地方的山裂开一条口子，所有的水都往那里流去，从那里流走。于是在各个平地上开垦，建筑许多城邑，此后不久，有涅赤赞普出来当藏土之王，开始有了君臣之名分。

由猕猴及岩魔女传出之西藏人种之第七章完。

注释：

[1] 近事戒律：指在家的男性佛教徒（称为近事男或居士）所受的五戒，即不杀生、不偷盗、不邪淫、不妄语、不饮酒。

第八章　吐蕃早期王统

以下叙述西藏历代国王的王统世系。关于这方面有所谓“天赤七王，上丁二王，中累六王，地带八王，下赞三王”的说法。按这一说法，从涅赤赞普起，历过二十七代赞普[1]，到圣者普贤菩萨[2]的化身拉脱脱日宁协赞普时，才开始有佛法传入。据《柱间史》[3]记载：“印度释迦日扎巴王之后裔，从法王阿育王依次相传，有孪生兄弟甲丁王和百军王二人，后来因为国事不和，发生纷争。百军王的三个儿子中最小的一个，有伟人之相，但未能继承王位。依照神的预言，给他穿上女人衣服，把他流放到藏地。”布顿大师的佛教史中说：“他是郭萨拉王萨甲王的五世孙，或者是苏金宁波王的五世孙，或者是代拉国王洽杰的儿子，是个有伟人之相的人。”无论如何，说的都是涅赤赞普王，这是一致的。

此外藏文史籍记载：“涅赤赞普最初降落到若波神山的山巅，看见雅拉香波雪山高耸，雅隆地方土地肥沃，于是下到赞塘巩马山上，被放牧的牧人们看见，牧人们到他跟前问他从哪里来，他用手指着空中。牧人们说：‘这个人是从天而降的天神之子，让我们推举他当我们的王吧。’遂以脖颈为座位，抬他回去，因此，他被称为涅赤赞普。”（原注：在释迦天寂后两千年）他是西藏最早的国王[4]。他修建了雍布拉宫[5]。涅赤赞普的儿子是木赤赞普，木赤赞普的儿子是丁赤赞普，丁赤赞普的儿子是梭赤赞普，梭赤赞普的儿子是梅赤赞普，梅赤赞普的儿子是达赤赞普，达赤赞普的儿子是塞赤赞普。以上七位赞普被称为天赤七王。据说他们在自己的儿子长到能骑马时，父王们就沿着登天绳上天，在空中像彩虹一样消逝。天赤七王的陵墓修建在天上虚空之中，天神之身不存遗骸，像彩虹一样消逝。

塞赤赞普的儿子是止贡赞普，他有三个儿子，夏赤、聂赤和甲赤。止贡赞普其王，心被魔鬼迷惑，对一个名叫罗昂达孜的大臣说：“你当我的比武的对手。”罗昂达孜回答说：“王上怎么啦？我是当臣子的，不宜当王上的比武对手。”止贡赞普强逼他当，于是决定比武，选择四月的亢宿日为交战日期。止贡赞普有变化身的母狗，名叫年儿那桑玛。赞普派它到罗昂那里去侦察，罗昂察觉了，故意扬言说：“后天国王来杀我，如果他不领侍卫，头上缠黑绸布，额头上挂面镜子，右肩上挂只狐狸的尸体，左肩上挂只狗的尸体，绕着头顶挥舞宝剑，并且用红牛驮着装灰的口袋前来，我就不能取胜了。”母狗回去把这些话报告止贡赞普，止贡赞普说：“就按他说的去做。”到了后日，止贡赞普果然照此行事，去杀罗昂。战场上一声呐喊，红牛受惊，装灰的口袋破裂，灰尘迷住眼睛，狐狸的尸体魇退战神[6]，狗的尸体魇退阳神[7]，止贡赞普绕着头顶挥舞宝剑，砍断了登天绳，大臣罗昂对准赞普额头上的镜子射箭，射死了赞普。

止贡赞普的三个儿子分别逃往工布、娘布、波布三地。

大臣罗昂篡夺了国政，让止贡赞普的王妃去放马。王妃前去牧马时，在睡梦中梦见与亚拉香波山神化身的一个白色人交合，醒来的时候，看见有一头白牦牛从枕边起身而去，此后过了八个月，王妃生下了一个血肉团，有拳头那么大，还会蠕动。因为是自己的血肉，不忍抛弃。想要养育，它又没有嘴巴眼睛。于是把它放到一个温热的野牛角中，用衣袖包裹起来，过了几天前去观看，里面长出一个男孩，给他取名为绛格布如拉杰。如拉杰长到十岁时，问他母亲："我的父亲和哥哥们都在哪里？"母亲把以前的情况详细告诉他。如拉杰多方设法在娘曲河的贾莫地方找到父亲的尸体，为其父建陵于青域达塘。又杀死大臣罗昂，迎请三位兄长。夏赤和聂赤二人没有来，在工布和娘布当了国王，他们的后裔至今犹存。甲赤由波布应召返回雅隆，修建了青瓦达孜城[8]。当甲赤登上王位时，母后握着甲赤之手，向天神诵咒，空中有声音说："你的儿子将胜于一切。"因此王子甲赤被称为布德巩列夹[9]，亦称布德巩夹。布德巩夹继位掌政，以如拉杰为大臣。

这二位君臣之时，已有雍仲的本教，它的教主是辛绕米沃，他出生在大食的魏莫隆仁地方。他将天界八部等本教的一切教法，翻译成象雄语，使本教弘传。本教可以分为九类，即因本波四类，果本波五类。果本波五类，以雍仲为无上乘，追求得到善趣之身。因本波四类，为囊辛拜推巾、楚辛拜春巾、洽辛剧梯巾、都辛春洽巾。其中的囊辛拜推巾一派作卜卦祈福、祷神乞药、增益吉祥、兴旺人财之事；楚辛拜春巾一派作息灾送病、护国奠基、祓除一切久暂违缘之事；洽辛剧梯巾一派作指示吉凶、判断是非疑惑、预测未来祸福之事；都辛春洽巾为生者消除违碍，为死者营建墓葬，为年幼者驱鬼，并且上观天上星象，下伏地上鬼魔。以上各类本波作法事时，都要敲鼓击钹。当时由"仲"和德乌两位本教巫师护持国政（原注：本教史籍记载说：本教兴起于涅赤赞普之时，止贡赞普王消灭本教，后又再兴于布德巩夹王之时，到赤松德赞王之时，本教再度衰亡。后来，有一个叫宁钦李肖噶惹的本教上师，使本教从康地死灰复燃，又传入卫藏地区，掘出本教一切伏藏，创立日欣、达丁、格丁、恩扎卡、桑日、尧唐等各个本教寺院，促使本教兴盛。因此本教也有前弘、中弘、后弘三个时期的说法)。当时，还把木头烧成木炭，熬煮皮子取得皮胶，挖出铁、铜、银三种矿石，用木炭把它们烧熔，冶炼出铁、铜、银三种金属，木头上钻孔制造出犁轭，二牛共轭把平川开成田地，引湖水入渠，田里撒下种子。在此以前还没有耕地种田的事（原注：农业耕种始于布德巩夹之时)。止贡赞普与布德巩夹父子二人被称为上丁二王，上丁二王的陵墓建于石山草原，建筑陵墓的人是如拉杰。

布德巩夹的儿子是阿肖累，阿肖累的儿子是德肖累，德肖累的儿子是梯肖累，梯肖累的儿子是古茹累，古茹累的儿子是仲热累，仲热累的儿子是意肖累，以上六位赞普被称为中累六王。中累六王的陵墓在石山草原之间，像彩虹一样延伸到山下的草原。

意肖累的儿子是萨南森帝，萨南森帝的儿子是德楚南木雄赞，德楚南木雄赞的儿子是塞诺南木德，塞诺南木德的儿子是德诺南木，德诺南木的儿子是德诺波，德诺波的儿子是德甲波，德甲波的儿子是德增赞。以上八位赞普被称为地德八王。地德八王之陵建在河之中央，犹如雪山落到湖面之上。

德增赞的儿子是赤赞南木，赤赞南本的儿子是赤扎邦赞，赤扎邦赞的儿子是赤德托赞。这三位赞普被称为下赞三王。下赞三王之陵在雪山之巅，犹如云雾凝结，罩在雪山。

赤德托赞的儿子，名叫拉托托日宁协，他是普贤菩萨的化身，在位执政八十年。当他住在不建自成的雍布拉城堡的宫殿的顶上时，依照释迦牟尼佛在竹林园时所说的预言，为预示佛教将在西藏弘传，从天空中降下《宝箧经》《六字大明心经》《百拜忏悔经》，一肘高的金塔、赞达宝刻嘛呢泥塔、木叉手印等，随着太阳光落到宫殿顶上，同时空中还有声音预言说：“你以后的第五代，将有知晓这些物品意义的国王出世。”（原注：这是指松赞干布）拉托托日宁协王对这些东西视为珍宝，但不知是何物，于是给它们起名为“年波桑哇”，放置在宝座上加以供养。由于这个功德，拉托托日宁协王又返老还童，共计享年一百二十岁，人们都说他是一身获得两世的寿命。这位赞普确实是开创佛法的流传的人，他的陵墓建在自己的家乡，家乡的名字叫作青拢达塘，墓为土丘形状，就像个帐房。

拉托托日宁协的儿子是赤宁色赞，他也因为供奉年波桑哇的缘故，国政兴隆。他的陵墓修建在顿卡达的地方，没有随葬物品，像个土丘形状。赤宁色赞的儿子是章宁德乳，他从达布地方娶了个名叫青萨鲁嘉的女子（原注：是“龙女”）当王妃，生了一个盲眼的儿子，取名麦龙官巴扎。青萨鲁嘉初娶时长得很美丽，后来变得形容憔悴。赞普问道：“你初来时很漂亮，现在变得这样憔悴，莫非是生病了吗？”王妃回答说：“我的家乡有一种食物，此地没有，可能是因为没有吃到它的缘故。”赞普说：“要是那样的话，无论如何也要取来给你吃。”于是派遣王妃的一个亲信婢女前去取那种食物。婢女在王妃的家乡用油煎炸青蛙，驮了好几驮子回来。王妃把它们藏在房中，不让其他人看见，悄悄地取出食用，因而变得容光焕发，像先前一样美丽。赞普心中思念道：“这种食品有这样的功效，我也该吃吃看。”于是趁王妃不在的时候，用代用的钥匙打开库房的门，到库房里看见有许多装满油炸青蛙的口袋，赞普心中犯了忌讳，因而得了麻风病。于是国王与王妃二人活着进入坟墓中，并给王子留下遗嘱说：“你要好好供奉你的祖父和父亲的保护神年波桑哇，并从吐谷浑境内延聘医生，治好你的瞎眼，治理好国政。”章宁德乳的陵墓建在香达地方，被人称为幽闭活人的圆形土堆。麦龙官巴扎遵从父命供奉年波桑哇，十分敬仰。又请来医生治好了眼睛，睁开眼睛时刚好看见吉雪地方的虎山上有盘羊行走，因而又被称为达日年塞。达日年塞四十岁时去世，他的陵墓也在顿卡达地方，修在赤宁色赞陵墓的左面，也无随葬物品，像个土丘形状。

达日年塞的儿子是朗日伦赞，他在位的时候，从汉地传入了医药历算。他战胜了汉人和突厥，从北方得到了食盐，并建筑了名叫赤则傍都的宫殿。他在位六十年后逝世，陵墓建在顿卡达地方，位于赤宁色赞陵墓的左侧，供葬物品众多，并像三角形状，因而得名叫做三角雪山陵墓。

这样，一切利乐产生的源泉，吐蕃赞普的王统（原注：《彰所知论》记载说："释迦灭寂后两千年时，涅赤赞普王出世，释迦灭寂后两千五百年时，拉托托日宁协王出世。"）从涅赤赞普到拉托托日宁协王经历了二十七代，为时五百年，没有与佛法有关系的君王，所以这里没有详细说明他们的事迹。到拉托托日宁协王时期，才开始有了佛法，他活了一百二十岁。他以后的四代赞普，到朗日伦赞时，共经历一百一十年。《大王柱记》中的记载如此，这里只是简略地叙述。想要知道其详细情形，可以看《大王柱记》《柱间史》《如意宝树王统史》等书。

吐蕃早期王统传承之第八章完。

注释：

[1] 赞普：吐蕃君长的称号。新、旧唐书《吐蕃传》说藏语称雄强为赞，丈夫为普，故称其君长为赞普。实则"赞"为藏族古代崇拜的一种神祇。

[2] 普贤菩萨：佛教菩萨名，释迦牟尼的右胁侍者，专司"理"德。其塑像多骑白象，相传其显灵说法的道场在四川峨眉山。

[3] 《柱间史》：亦称《松赞干布遗教》或《噶钦噶科马》，为藏文古籍之一，相传为松赞干布时写成，藏于大昭寺大柱子中，由阿底峡尊者

取出，故名《柱间史》。

[4] 《敦煌本吐蕃历史文书》中说：“天神自天空降世，在天神下降之处的上面有天父六君之子，三兄三弟，连同赤顿珠共为七人。赤顿珠之子即为涅赤赞普。”可见涅赤赞普是传说中的吐蕃王室最早的祖先，是由天神下降人世的。大约在佛教传入吐蕃后，佛教徒为传布佛教，才把他与印度的王统联系起来。一些藏族学者推算，涅赤赞普约与西汉武帝同时代。

[5] 雍布拉宫：亦称雍布拉康，意为母子所居之宫室，在今西藏山南泽当镇以南，至今犹存。

[6] [7] 战神、阳神都是藏族古老宗教本教中所说的人的保护神，赞普可沿登天绳上天的说法，亦出于本教。

[8] 青瓦达孜城：其城堡遗址在今西藏山南琼结县，附近有吐蕃历代赞普陵墓。

[9] 布德巩列夹：又称布岱贡杰，意为“此子将战胜一切”。

第九章　圣观世音身放四道光明
法王松赞干布出世

此后，圣观世音菩萨觉知教化雪域藏土有情众生的时机已到，从自己身上放射四道光明。一道光明从他的右眼放出，射往尼泊尔，尼泊尔全境都被光明照遍，尼泊尔国王德瓦拉以及柯博鲁城的宫殿也都被光明照射。然后，光芒收聚拢来，射入德瓦拉王的王妃的胎中。过了九个月零十天，王妃生下一个妙胜公主。这位公主冠绝世间，身体洁白而红润，口中喷射出白旃檀的香气，并且通晓文史，这就是日后嫁到吐蕃的尼泊尔王妃赤尊。一道光明从观世音菩萨的左眼射出，射往汉地，汉地全境被光明照遍，唐朝皇帝唐太宗以及京师皇宫也被光明普照。后来，光芒收聚拢来，射入唐朝皇帝的皇后的胎中，过了九个月又十天，皇后生下一个妙胜公主。这位公主冠绝世间，身体青蓝而红润，口中喷出青莲花香气，并且通晓文史，这就是日后嫁到吐蕃的汉妃文成公主。一道光明由观世音菩萨的脸上射出，射向雪域藏土，照到被水浸淹的悬崖上，变为教化边地之年波桑哇六字真言的法身之相，这就是亚尔昌地方的六字真言。一道光明从观世音菩萨的心间射出，射向有雪藏土。有雪藏土全境都被光明照遍，亚伦扎多园[1]被光明照遍，强巴米居洲王宫也被照遍，朗日伦赞王也被光明照遍。后来，光芒收聚拢来，射入朗日伦赞的王妃没庐萨脱噶玛的胎中。这时各个方向都呈现祥瑞，过了九个月又十天，于火阴牛年在强巴米居洲王宫中生下一个妙胜王子。这个王子的头上有阿弥陀佛相，手上和脚上都有法轮相，头发为青蓝色。他出生时有各个佛陀为他加持，有各个菩萨为他赞颂吉祥，并有各个天神为他降洒花雨，大地呈现六种震动。对这个王子的降生，分别看到三种不同的景象：按十方诸佛所见到的，是圣观世音菩萨依照以前的誓愿，为了引领有雪藏土的众生走上成熟解脱的道路，在这边地的黑暗之中燃点起明灯，使它变成珍宝之洲；按十地诸菩萨所见到的，是圣观世音菩萨为了引领有雪藏土的众生进入佛教正法，变化为化身国王，用教化一切的法力利益众生；按世俗凡夫所见到的，仅仅看见国王生下一个无比珍奇的王子。王子长大成人后，通晓工艺、历算、武艺及五明之学，具有各方面的才能。各位大臣说："我们的主上，具有各方面的才能，心胸深沉。"因而称他为松赞干布。王子长到十三岁时，父王薨逝，王子继承了王位。

后来，法王松赞干布心想，我要利益有雪藏土的众生，应当到什么地方去修习呢？我的先祖拉托托日宁协王是普贤菩萨的化身，他曾居住拉萨红山的顶上。我也应该到这位先祖曾经到过的地方，在那个吉祥喜庆的地方，做利益众生的事业。于是他当夜住在亚伦扎多园中，次日清晨，携带路上的口粮上路，走到亚尔昌的六字真言那里，卸下驮子，让驮牛到草场上去吃草，就在那里打尖休息。松赞干布到水里去洗澡，水中出现了各种颜色的光芒，明光闪烁。大臣噶钦波看见这情景，向国王问道：“王上在干什么？水里出现这样的光芒，实在是稀罕的事。”松赞干布回答说：“舅氏大论[2]请听，引度有雪边地的一切有情众生走上成熟解脱的道路的诸佛密意聚集的本体，一切利乐功德的源泉，教化边地的缘主，有雪边地的法缘，摄集精华的心要，就是这秘密六字真言法身文字。这六字真言，将在这里的岩石上显现，将会利益众生有情。”于是，君臣供养那座山岩，岩石上放射出各色光明，照射到对面的山岩上，如同彩虹，把两重山连在一起。因此，后来这个村子被称为嘉当（译者注：意为彩虹）。这座山岩上有神佛的像（原注：后来尼泊尔塑匠把观世音菩萨、卡萨巴里、吉祥马头明王等像雕刻在岩石上）自然出现。松赞干布离开该地，到拉萨红山顶上修筑了宫殿，住在那里。

圣观世音身放四道光明，法王松赞干布出世之第九章完。

注释：

[1] 亚伦扎多园：松赞干布出生之地，在今西藏拉萨附近。

[2] 大论：吐蕃官职名，为赞普之下的首席大臣，总领内外军政，威权极重。早期吐蕃大相仅一人，后期随着王权的增强，大相增至数人，以分其势。

第十章　大臣吞米依印度文创制藏文及法王制定十善律

此后，松赞干布以佛教十善法为依据，创制国法，增益色、声、香、味、触五种妙欲，互通馈送之礼，并为治下臣民讲说正法。由于藏地没有文字，松赞干布派遣臣下中聪明敏慧的七人到印度去学习文字，他们由于遇到三种边魔而返回。后来有吞米阿努的儿子，名叫吞米桑布扎，聪颖便捷，具足才能。于是派遣他携带许多黄金，到印度去学习文字。这位大臣到了印度南方，听说有一个名叫李敬的婆罗门，通晓文字声明之学，于是就到这个婆罗门跟前，恭敬礼拜请求说：

化现慈悲的天神之种，

具足功德投生婆罗门。

前世积累功德的福泽，

教理声明样样都精通。

学识渊博的大婆罗门，

请你稍加留意听我说：

我是边地藏土的大臣，

我的王上具有大慈悲，

十三岁时继位掌国政。

我的王上登上宝座时，

臣民全都得享圣教法，

依据十善教法定国律。

我的邦国至今无文字，

派我携带重礼到此地，

前来贵处学习文字学。

还请尊师慈悲关照我，

指教全部文字声明学。

说完之后，向婆罗门献上了黄金等礼品。大婆罗门收下黄金回答说：

具缘善男子请细听，

聪明的大臣请细听，

通晓二谛的吞米大臣，

你想学习声明辞章学，

还有各种稀有的学问，

我将它们全部教给你。

大臣返回边地藏土时，

传授文字声明和经咒，

会使臣民百姓都满足。

说完之后，婆罗门把吞米大臣领进无量珍宝宫中，给他指示各种文字之字母。于是，大臣吞米学识顿开，高举智慧明灯，学习文字。以那伽惹及伽达等部类繁多，为了使它们在藏土不产生变易，创制了元音号。并依照兰查天字、瓦都拉龙字创造具足圆满的藏文。

梵文字母五十字，

主要字母有三十，

前后加字各十个。

各个字母自成类，

自有用法各有规，

无有一字能遍通。

摄取各字之用途，

以此为例再提取，

规定藏文三十字。

各个字母不相同，

字母形状尽完美。

只做字根的字母二十个，ཀ་ཁ་ཅ་ཆ་ཇ་ཉ་ཏ་ཐ་པ་ཕ་ཙ་ཚ་ཛ་ཝ་ཞ་ཟ་ཡ་ཤ་ཧ་ཨ།其中的ཝ། 字，没有也可以。前加字有五个，ག་ད་བ་མ་འ།。后加字有十个，ག་ད་བ་མ་འ་ང་ན་ར་ལ་ས།。特别常用的有五个字母，即ག་ད་བ་མ་འ།。有脚的字母九个，即ཀ་ག་ཏ་ད་ན་འ་ཞ་ཤ་ཧ།。梵文所没有的字母六个，即ཙ་ཚ་ཛ་ཞ་ཟ་འ།。子字有十六个，即ཀ་ག་ང་ཏ་ད་ན་པ་བ་མ་ཙ་ཛ་ཉ་ཅ་

ཇ་ལ་ཏ།。母字有七个，即ཀ་ག་བ་ཟ་ར་ལ་ས།。共母字有三个，即ར་ལ་ས། （原注：这三个字母可以作所有系字的母字）。特有的字母有四个，即ཀ་ག་པ་ཟ། （原注：这四个字母的下面只能加下加字ལ།）。可加系字ཡ། 的有七个字，即ཀྱ་ཁྱ་གྱ་པྱ་ཕྱ་བྱ་མྱ།。可加系字ར། 的有十一个字，即ཀྲ་ཁྲ་གྲ་པྲ་ཕྲ་བྲ་མྲ་ཤྲ་སྲ་དྲ་ཧྲ།。元音符号ཞབས་ཀྱུ། 可加在各个字的下面，已加系字ཡ། 和ར། 的字，下面也可以加ཞབས་ཀྱུ།，如像ཀྱུ་ཁྱུ་ཀྲུ་ཁྲུ། 等字。系字和拼写，容易记在心。

只能作ལ་字的子字有两个，
ཙ་和ཏ་是ལ་特有的子字，
ཚ་和ཇ་是ར་特有的子字。
不做前加字和后加字，
也不做子字和母字，
这样的字母有十个，
即是ཁ་ཆ་ཐ་པ་ཚ།，
再加ཕ་ཞ་ཡ་ཤ་ས།。
可做前加字和后加字，
也可以做子字和母字，
这样的字母有两个，
即是ག། 字以及བ། 字。
上面像帽子飘扬三符号，
ན་རོ།、གི་གུ། 和འགྲེང་བུ།；
下面像铺着美丽的地毯，
是系字ཡ་ར། 和ཞབས་ཀྱུ།。

梵文兰查体的字形，如天神的文字，（原注：ཏ་ཝ།二字作子字，又有反写的ཊ།，反写的ཋ།，反写ཌ། 等字，是通晓文字字体的各个班智达[1]在后来从桑支达语[2]翻译密咒为藏语时所创造)。仿照它创造了藏文正楷体。梵文瓦都拉体的字形，如龙的文字，仿照它创造了藏文的草写体。以上仅略举其大概情形，要知其详情，有吞米最初创造文字字体时所制的三十字母及《修辞基础》《吞米声明学概论》等书，可以参阅。

此外，大臣吞米又在班智达拉日僧格那里学习一切声明，遍通五明之学，翻译《宝集顶经》《宝箧经》《观世音经续》等二十一部为藏文。又一史籍中说他曾翻译《般若波罗蜜多十万颂》。总之，大臣吞米是一位博学多识、具有各种才能的人。此后，大臣吞米在返回藏地时，向婆罗门致谢道：

尊贵佛子，请听我言，
感谢你珍贵的大恩，
感谢你慈悲护佑我。
无垢智慧的虚空中，
空慧双运明星显现，
清净誓愿云海广布，
声明文字日月升起，
解除众生混沌之苦。
安乐光明心海之中，
智慧知识清溪水流，
清净誓愿水鸟飞翔，
声明文字珍宝显现，
解除众生贫乏之苦。
无垢幻现大树之上，
空慧双运枝干生长，
学识功德鲜花开放，

声明文字果实成熟。

尊师对我大臣吞米，

无量恩赐心中牢记。

我来南方印度国中，

幸遇你这博学大师，

声明文字功德之本，

你已为我教授无余。

如今我将返回藏土，

主上盛宴将我迎接。

我王主上管领臣民，

国政大事依法护持，

声明文字广为传习，

所有国境都使昌盛。

我之所言，佛子请记！

说毕，以头顶礼尊师之足。然后携带大乘经典数部返回藏地。赞普设盛宴欢迎。当赞普来到宴会的地方时，大臣吞米用ན་རོ།，ཀི་ཀུ།，ཞབས་ཀྱུ། 等组合字句，写成诗篇，呈献新创文字给藏王，诗中说：

洁净的面容色泽永远那样美妙，

深刻的教诲总是使人浮想联翩，

就像站在圣者弥勒佛尊的面前，

又像修定时眼前一片安静宁谧，

(译者注：这行诗的元音都是ཀི་ཀུ།)

油然生起善逝真谛无边的智慧。

(译者注：这行诗的元音都是འགྲེང་བོ།)

你这摧毁无明尘障的世间救主，

(译者注：这行诗的元音都是ན་རོ།)

具备了降伏三毒恶魔的法力。

(译者注：这行诗的元音都是ཞབས་ཀྱུ།)

(原注：吞米呈献的文字的新样，刻在真柯那多神殿的岩石上)

你是那观世音菩萨的心传弟子，

臣民们上尊号称你为松赞干布，

我要向法王你虔诚地顶礼膜拜。

吞米赞颂完毕，赞普十分高兴。觉得吞米献的经籍是佛教珍宝，十分恭敬尊重。赞普对大臣吞米也以大功德尊敬相待。其余的大臣对此都很嫉妒，到处宣扬说：君主对臣下不应该这样特殊礼遇。大臣吞米为了消除他们的争竞之心，说了如下的话：

吞米我呀，是有大功之臣，

到印度的道路那样艰险，

身冒寒暑一路备尝辛苦。

找到贤哲婆罗门李敬，

恭恭敬敬向他行礼请求，

献上黄金财宝各种礼品。

他为我指教了种种文字，

消除了我心中层层疑惑。

印度文字有五十个字母，

我制定藏文字母仅三十，

学习它就会有智者聪慧，

所有功德都能立刻得到，

今生快乐来世也能幸福。
藏地学者我是开路者，
消除愚昧我是指路明灯。
君王赞普如像天上日月。
群臣之中没人赶得上我，
对于有雪藏土的人们，
我吞米的恩德能说不大吗?!
(原注：这里说吞米的自豪)

吞米说完之后，各个大臣面面相觑，争竞之心顿时消失。

当时，著名的大臣有三百人（原注：内、外、中三部各个大臣的名字记在《塘伊钦瑁》一书中)。有盛名的大臣十六人，不可缺离的大臣有四人，他们是赞普身、语、意的服侍者，办理内外事务的大臣。追随十六个菩萨族裔大臣的，有大臣三百人，他们之中，有外猛臣六人，内贤臣六人，诏命大臣四人。内贤臣六人是：楚吉那钦日桑（原注：察朱人)、尚波甲吉臣桑（原注：胡人)、属庐日巴格桑（原注：属庐家族人)、拉寨学波丹桑（原注：康巴人)、格尼顿培桑（原注：嘉玛亚僜人)、韦江贝吉勒桑（原注：又名韦吉杰塔仁摩)，他们率领一百大臣服侍赞普，经管各种内务。外猛臣六人是：穹波本桑赞（原注：北方穹波人)、南赤德拉赤赞（原注：雅多人)、木赤多吉朗赞（原注：盆域甲哇人)、丁格绛曲却赞（原注：羌人)、塔巴鲁白赞（原注：穷结人)、绒波楚吉德赞（原注：雅隆孙巴人)，他们率领一百大臣为外大臣。东方从汉地、木雅地方输入工艺、历算，南方从印度翻译佛经，西方从索波、尼泊尔地方获得饮食珍宝等受用，北方从胡人地方和回纥引进法律及职事制度。总之，征服四方而获得各种受用，成为统治半个南瞻部洲的国王。吞米桑布扎（原注：吞隆惹噶地方人)、噶尔东赞域宋（原注：堆隆然巴地方人）、止塞如恭顿（原注：止空人）、娘赤桑央顿（原注：娘塞人）等率领一百大臣居中理事，尊王之命，立十善之法，对善者予以奖励，对恶人加以惩处，对豪强大族用法律压抑，对贫弱者设法扶助。设立四部禁卫军。聚涧水到池中，引河水入灌渠。规定升两等度量器具，划分土地田亩，教民学习文字。在马额上绘圆点，制定善美礼仪，对争斗罚款，对杀人者依死者的地位罚命价。对盗窃的人罚赔八倍，连同原物共为九倍。对通奸者折断其肢体，流放到其他地方。对说谎的人拔断其舌头。又令臣民皈依三宝，恭敬信奉，报父母恩，孝敬侍奉。对恩人及父叔长辈的意旨，不可违背，以德报德。对贤良的人和出身高贵的人，不能与他们争斗，要听从他们的吩咐。学习经典文字，明白其中的道理。相信业、因、果，戒绝恶行。帮助亲友邻居，勿生侵害之心。品行端正，心存天良。酒食有节，知耻存礼。按期还债，称量时勿行欺骗。未受别人的委托授权之事，不要参与。谋划事情时应自持主张，勿听妇人之言。是非难以判断时，请地方神祇护法作证，立誓赌咒。仿照十善法的意义，在吉雪学玛那地方制定了吐蕃法律二十部。赞普与臣下都在上面盖印，使它像日月的光芒，遍照国中。

由于这些业绩，王上威严臣民幸福，
佛法弘扬国运昌隆遍及十方，
制定教诫法律，臣民百姓全部遵从，
天神来为人主，境内都享安乐。
人强马快，受用与天界相齐，
信仰佛法，今生来世都康乐。
抛弃争斗，懂得世人俱是父母[3]，
学习文字，使得佛教教法弘扬。
人人信奉佛法，幸福红日升起，

用神变完成事业，国中不征税徭。
天空之上显现出八辐之轮，
大地之上生长出八瓣莲花，
高山之上具备齐吉祥八宝，
林木苍翠覆盖着欢喜乐园，
百鸟聚集鸣叫着悦耳乐曲，
广阔大地呈现出六种震动，
各位天神洒下了吉祥花雨。
在那吉祥可爱的扎拉园中，
在那胡桃树林的浓荫下面，
法王松赞干布，升上了宝座，
勇敢贤明的大臣们，与他在一起。
吐蕃臣民在四面层层围绕，
彩虹般的各种色彩的帐房，
在空中像宝盖般罩住赞普御座。
摆上了甘蔗葡萄等等糖果，
端来了芳香扑鼻的百味珍肴，
赞普进食，臣民们也吃了个饱。
为了让法王消遣娱乐一番，
戴上面具装扮成狮牛虎豹，
打鼓奏乐的，跳舞献技的，
都在御前尽力显弄技艺。
还演奏天界的大鼓和琵琶，
各种曲子在半空中缭绕。
焚起沉香旃檀各种香料，
芳香馥郁，随着风儿飘荡。

伞盖法幢的缨珞轻轻摆动，
各色旗帜林立，布满空中。
美丽可爱的十六个姑娘，
佩戴各种装饰举起鲜花，
唱歌跳舞使人心驰神逸。
幸福欢乐的制定国法之时，
吐蕃臣民人人跨马奔驰，
吐蕃树木株株彩旗飞扬，
圣教的法鼓永远在轰响。
按照十善法制定了国律，
依照五妙欲利乐得增长。
在这白雪环绕的国土中，
十善国法如同空中日月，
光芒照遍雪山平原各地。

大臣吞米依印度文创制藏文及法王制定十善律之第十章完。

注释：

[1] 班智达：对精通大小五明和对佛教哲理有很深造诣的学者的尊称，如萨迦·贡噶坚赞被尊称为萨迦班智达。

[2] 桑支达语：即梵语。

[3] 世人俱是父母：按佛教的说法，人们在轮回中无数次投生，故陌生人也可能是自己以前某一次轮回时的父母，所以对别人都应尊重。

第十一章　自印度、尼泊尔迎请法王之本尊佛像

此后，化身[1]法王松赞干布心中又想道：我在这有雪边地作利益有情众生的事业，还应当建造一座本尊神像，若是以金银等珍宝建造，只怕将来众生福薄，不到劫末之时就有损毁之忧；若是用土石建造，又嫌质料粗劣；若用木料建造，又恐日后破裂。我的本尊神像，到底用什么东西建造才最好呢？反复思索，没有结果，因而向菩萨请教。到天将黎明时，见如来、菩萨、声闻部尊者以及仙童天女等像云彩会集，来到面前的天空中。文殊菩萨和普贤菩萨，手执充满甘露的宝瓶，为法王灌顶洗身，各位佛陀为法王祝福加持，各位菩萨为法王赞颂吉祥，仙童天女们

在云彩缝隙中显露半身，奏出诸种仙乐，并降下花雨。这时，从法王身上立即放射出各种光芒，使边地雪国全都被光明普照，随类教化众生的各种化身各做利益有情众生的事情，使这雪国边土，顿时变成珍宝之洲。于是，天神们同声对法王说道：

具有菩提心的化身之王，
你是所有黑头民众之主。
要想迎请信奉供养的本尊，
作为众生积聚功德的福田。
在那遥远的印度南方，
在那僧噶拉海洋岸边，
在自现空行石像后面，
在大象躺卧的沙滩下面，
从蛇心旃檀树中生出的，
自现观世音菩萨雕像，
稀世之宝就在那里，
那是法王你的本尊。

如此说完，一切都消逝不见。于是法王心中想道：迎请这座本尊神像，并非凡人所能胜任，应当派遣一个化身前往。想到这里，立刻从法王的眉间白毫毛处化现出一个化身比丘，名叫阿伽惹马迪西拉，头上有无量光佛显现。法王派遣他去迎请本尊神像。这个化身比丘，运用神通来到南印度，到了一座叫卫居城的城市。此地有个国王名叫乌巴拉格萨尔，这个国王的祖先，信奉内道佛法，后来才信奉了外道宗教。这国王每天要杀五只山羊，祭祀大自在天[2]。国王宫殿左面，有一座以前拘留孙佛曾为之开光的佛塔，名叫莲花轮。化身比丘阿伽惹马迪西拉，在这座塔的宝藏瓶上面的空中盘腿而坐并且绕着塔旋转。国王在王宫的屋顶上看见这一情景，大为惊异，邀请他到王宫中去，比丘却不答应。国王一再请求，比丘说："若是能听从我言，我就进你的王宫，否则就不去。"国王说："凡是比丘你所说的一概听取。"这样，将比丘请到宫中供养。比丘对国王说："大王，你先世是信奉内道佛教的，后来才改信为外道，若是想皈依内道佛法，就应当皈依三宝。"国王当即允诺遵行。比丘又说："大王应当修寺庙一百零八所，各个寺中要放置蛇心旃檀及葛悉夏旃檀的佛像一百零八座。"国王答道："蛇心旃檀在色究竟天上，我没有能力去取来，葛悉夏旃檀在马拉亚[3]的北方，有毒蛇缠绕在上面，我也不能得到。要说修建一百零八座寺庙，还能办到。"比丘说："何处有蛇心旃檀，我能认得，可以前去寻找。你可派遣随从携带器具一起去取来。"于是比丘同这个施主国王领着随从到僧噶那海岸边上。看到在自现空行的石像后面有许多大象躺卧在地上。比丘说："大象之中有一头面朝向东方，长着红鼻子，颈窝有牛黄色的流苏，它身下就是蛇心旃檀所在的地方。"国王说："大象的下面，怎么会有旃檀！"比丘说："夏季酷热时，凡是有旃檀的地方，便有凉爽气，即使一片旃檀树叶，也可以解除热苦。大象能够知道旃檀所在的地方，烦热的时候就来躺卧在它的上面。"于是驱散群象，挖掘下面的沙土，果然有一颗蛇心旃檀树。国王又问："人间没有蛇心旃檀，这里怎么会有呢！"比丘说："以前拘留孙佛降世的时候，有一个声闻罗汉，运用神变到色究竟天那里，取得一个蛇心旃檀的果荚来，荚中有果实四粒，他将三粒献给拘留孙佛，用一粒供养这个自现空行石像，放置在石像的顶髻上，后来被风吹落到石像背后。这颗种子落地以后每到十五夜晚，空行母们就用甘露浇灌滋润，于是种子发芽生长。当羯洛迦牟尼佛在世的时候，这棵树开花；当迦叶佛在世的时候，这棵树结果；当释迦牟尼佛在世时，它长成大树。释迦牟尼灭寂后，这棵树倒在地上，渐渐被沙土掩埋。"于是从沙土里取出此树，截去树枝，见树干上有四道裂缝，从其中放射出无量光明，照亮一切世间，然后又融入此树中。接着树干中有声音说：“慢慢截断！”于是沿裂缝将树干截成四段，中间现出一座圣观世音菩萨十面如意宝像，三张平和脸，七张忿怒脸，能成就和平、增长、治理、诛恶四种事业。十张脸的上面还有一尊阿弥陀佛，宝像的根本十只手，每只手各结手印，光照十方。又将这旃檀树截为一百零八段，建造一百零八尊佛像，迎请安置在一百零八座寺庙中。以后又随合时机,用麝香取得葛悉夏旃檀,也像这样办理。

此后，化身比丘又从莲花轮塔的宝瓶中取得七世佛的舍利子一升，把宝瓶重新封固。又到海岛上去，看见每一棵茅草上都坐着一尊佛，于是取了茅草一束。又到尼连禅河边，看见每粒沙子上都坐着一尊佛，于是取了沙子一升，然后化身比丘将自现蛇心旃檀观世音像、葛悉夏旃檀像、菩提树枝、尼连禅河的沙子、吉祥茅草一束、八大伽兰（寺院）所在的地方的土等印度物品及本尊像迎请到藏土，呈献给赞普，赞普心中十分高兴。

此后，赞普又想道，南方尼泊尔境内还有一个秘密化身佛像，是利益后世众生有情的稀有珍宝，便向本尊神像祈祷，由自现本尊像的心间放射出光明，射入尼泊尔境内。顺着这方向望去，看见印度和尼泊尔交界地方的一片大森林中，有一光照十方的白旃檀树，有四尊自现佛像降临在那里。于是又派遣那化身比丘前去迎请此像。化身比丘走到孟域城时，看见其地瘟疫流行，许多人受到死亡之苦；又走到云布亚格城，看见那里麻风病流行，许多人受到死亡之苦；又走到印度和尼泊尔交界的地方，看见有恶煞鬼魔刹那间使许多人受到死亡之苦；再往前走，就到了那片森林中。那里有一个牧人放牧着许多水牛，这些水牛当中有一头具足业缘的母牛，常常在白天跑到那片森林中去，绕着那棵光照十方的白旃檀树环行，并把它的奶汁洒到地上。到了夜间，这头水牛的主人问牧人说：“你挤了我的水牛的奶吗？”牧人说：“我没有挤水牛的奶，这头水牛常常在白天跑到山上树林中间去。”次日清晨，牧人和水牛主人一同去树林中观看，见水牛绕着那棵光照十方的白旃檀树环行并把奶汁洒到地上，二人十分惊异。由此，化身比丘知道赞普的本尊旃檀神像将从这里取出，于是用斧锯伐卸这棵旃檀树。听见树中的四尊佛像发话，最上端的说：“慢慢截开，把我安置到孟域城中。”剖开后现出一尊满愿观音像。下面又有声音说：“慢慢截开，把我安置到云布亚格城中。”剖开后现出一尊顶阁观音像。下面又有声音说：“慢慢截开，把我安置到印度和尼泊尔交界地方。”剖开后现出一尊彩金观音像。下面又有声音说：“慢慢截开，我将到有雪藏土作藏王松赞干布的本尊像。”于是，把满愿观音像迎往孟域城，将顶阁观音像迎往云布亚格城，将彩金观音像迎往印度和尼泊尔交界地方。由于这三尊观音像降临的护佑，这三处地方的非时死亡的灾害都得到解除。此后，化身比丘就把最后出现的世自在观音像，即现住于布达拉山顶的空行观音像，迎请到西藏，呈献给法王松赞干布。法王十分欢喜，谒见了本尊神像，觉得今后利益有情众生应当没有什么障碍困难了。此后，化身比丘阿伽惹马迪西拉又化作一道光明，融入法王的眉间。

自印度、尼泊尔迎请法王之本尊佛像之第十一章完。

注释：

[1] 化身：即佛身之一。据佛经记载，佛有三身，即法身、报身、化身。化身也称变化身。三身可以归为四类：一为法性、法界，即成佛之根据；二为修习佛法所得之佛果，即佛之本身；三为佛为大乘菩萨说法而变现之身；四为佛为利乐世间众生而变现之色身或其他种类之幻化身。

[2] 大自在天：即湿婆，是佛教、婆罗门教和印度教的主神之一。佛教文献称他为大自在天，住色界之顶，为三千界之主。

[3] 马拉亚：为古代南印度的一处地方。

第十二章　迎娶尼泊尔赤尊公主

此后，化身法王松赞干布心想：我要在这雪域境内弘传大乘佛法，但世尊释迦牟尼之塑像，一尊在印度，一尊在尼泊尔，一尊在汉地，这三尊像所在的地方，就有大乘佛法弘传，无论如何也应当迎请这三尊像中的一尊。于是他到自现旃檀本尊像前祈祷，这时从本尊神像的心间放射出两道光明，一道射往东方，一道射往西方。沿着这一道向西的光明望去，见西方的尼泊尔境内德瓦拉国王有一个名叫赤尊的公主，身色洁白而红润，口中喷出白旃檀香气，通晓文史经籍，若迎娶她可以将释迦牟尼八岁身量之像以及一切大乘佛法迎来藏地。

法王松赞干布是超出尘世的圣者，心胸广阔沉毅，想用梦境把这事告诉臣下。第二天清晨，众大臣都来法王面前朝见，同声请安道："赞普贵体安康吗？容光焕发，心情舒适吗？"法王说，"我十分舒适，只是昨夜梦中见尼泊尔国王的美丽公主和汉地唐主的美丽公主分别从西方和东方的宫中来。"大臣噶尔[1]说："大王所梦见的二位公主，我们大臣无论如何要设法请来。请大王别再把这个梦告诉别人。"于是，噶尔对大臣们说："我们内、外、中三部大臣的为首大臣，明天早晨各带酒食以及一块肉到扎拉乃乌塘的胡桃树下国王宝座前会齐议事。"次日，为首之大臣会聚时，所带来的六块肉中，有二人各带一只羊后腿，有二人各带一只羊前腿，一个人带来胸叉，一个人带来尻部，合到一起刚好成为一个整羊。吞米说："机缘很巧，今天的事还未商议大家就心意相投了，要办的事一定顺利。虽然如此，还需要仔细筹划一下。"噶尔说："是应当好好筹计。我们的王上年已十六，尚未成婚。可以辅助国政的女子只有尼泊尔的美丽公主及唐主的美丽公主，我们应当迎娶这二位公主当王上的王妃。"众人都同声赞同。于是，噶尔就到法王驾前启奏说："应当选娶尼泊尔公主，请王上颁发命令。"国王交给他金币五枚，说："这作为见面礼品。"又交给嵌有朱砂宝石的琉璃宝盔一顶，说："这作为公主的聘礼。"法王又将三个信匣交给噶尔，说："尼泊尔王将三次让你返回请示，到时候可将这三个信匣依次呈上，不要错乱。"并赐给路途所需的衣服、饮食、装饰物品及马、骡、骆驼等许多驮畜，打发他们上路。并告诉说："如遇险道难行，可先祈请忿怒度母然后通过。"

于是噶尔拜辞主上，携带各种礼品和器物，驱赶驮畜，偕同大臣随从人等共一百余骑往尼泊尔而去。到达尼泊尔宝洲柯博鲁城德瓦拉王所居住的宫殿门前，先让人通报国王，国王立即召见。噶尔呈上五枚金币为觐见之礼，又献上嵌有朱砂宝石的琉璃宝盔，噶尔对国王说："大王，这顶琉璃宝盔，具有无量的功德。如果遇到人畜瘟疫，戴上这顶宝盔绕城一周，人畜瘟疫就会立即消除；要是担心霜雹为害时，头戴这顶宝盔绕行田边，霜雹之害即可免除；征战之时，头戴这顶宝盔定能获胜。世间再没有能胜过这顶宝盔的宝物，其价值不可计量。我们把它作为公主的聘礼。大王的贤明公主，请赐给吐蕃，当我们王上的王妃。”国王答道：“你们藏王是鬼迷心窍了，还是神思错乱了呢？我国从迦叶佛在世之时到如今，王统未曾断绝过，岂可和你国联姻。念你远道来此的劳苦，你可返回吐蕃去问你王，他能否依十善法建立国法？若能，则许嫁公主，不能，则不许嫁。”噶尔即取出法王所赐的三个信匣的第一个，呈献到尼泊尔国王手中。国王打开信匣一看，蓝纸上写着金字，为尼泊尔文。信中说：“你尼泊尔国王有十善之律，我边地的藏王难道就没有吗？若是国王你一定要有十善律才许嫁公主，我将变化出五千化身，十善律一早晨之间就可建立，这难道不是稀奇之事吗？要是我这样做完后你还不许嫁公主，我就将派遣化身军旅五万人前来，杀死你，劫回公主，摧毁你的所有城市。”尼泊尔国王看完信函大为恐惧。他虽然恐惧还故作镇静之态说：“你们藏王也夸口太甚了，你可回去再问你王，他能否修建佛寺，如能，则许嫁公主，如不能，则不许嫁。”噶尔又将法王所赐的第二个信匣献到尼泊尔国王手中，说：“大王，为了一封书信往返尼泊尔吐蕃之间的迢迢道路，那就没有迎娶公主的办法了，答复大王所问问题的信函在此，请大王一阅。”尼泊尔王看见信中写道：“你尼泊尔国王能建立佛寺，我边地之王还不能修建佛寺吗？大王你一定要修建佛寺之后才许嫁公主的话，我可以变化五千工匠，修建一百零八座佛寺，庙门都朝向你住的地方，这难道不是稀奇的事吗？要是这样做了你还是不许嫁公主，我就要派遣化身军旅五万人前来，杀死你，劫回公主，摧毁你的所有城市。”尼泊尔国王看后十分恐惧，他虽然恐惧还是装出镇静的样子说：“你们藏王未免太夸口了，你们藏土可有五种妙欲受用，如有，就许嫁公主，如无，则不许嫁公主，你可回去询问。”噶尔立即把最后的一个信匣呈献到国王手中，说：“为了一封信函不值得往返，国王所问的问题我主已回答在此信中，请大王一阅。”尼泊尔国王打开信匣观看，信中说：“你尼泊尔国王有妙欲受用，我边地藏王就没有吗？要是大王你喜爱财宝受用，只要许嫁公主，我就将变化五千化身，取得无量珍宝、金银、锦缎、首饰、美食，并在四方设立商市，摄取各方的财宝汇聚于我的国门前，立刻得到各种受用，这难道不是稀有的事吗？要是这样做了你还不许嫁公主，我就派遣变化军旅五万前来，杀死你，劫回公主，摧毁你的一切城市。”尼泊尔国王心想：“看来藏王的言语不假，他一定能说到做到。”因此心中惶恐不安，答应把公主嫁到吐蕃。他回到宫中后，神情沮丧。公主问道：“父亲为何不安？”父王说：“你将要去当吐蕃国王的王妃。”公主说：“那里地方险恶，又无佛法，缺少受用，与父兄艰以见面。这样的远方我不愿前往。”父王说道：“你不要这样说，你还是应该前往。这位藏王是化身之王，有预知未来的神通。我所问的事情，他的使臣未曾返回就立刻递上回复的信函。他要是知道你不肯去，就将派遣化身军旅五万前来，杀死我，劫走你，摧毁我境内的一切城市。因此你还是应当前去。”听了此话，公主心中想道：“我将离开故乡，到那山水险恶，又无佛法，并且与父兄不得相会的远方西藏，要想不去，父王之命又不可违抗。”于是公主流着泪向父王说道：

唉，唯一尊贵的父王陛下，
雪国边地是荒蛮之区，
佛法未兴是片黑暗之洲，
人种低劣是妖魔罗刹种，
土地贫瘠如同饿鬼之国。
要让女儿到这样的夫家去，
请把见闻思触功德无边的
不动金刚佛像赐给我！

请把相貌庄严利乐之源的
弥勒法轮赐给女儿我！
请把慈悲度母的旃檀像，
为消除违障灾难赐给我！
请把珍贵的药草及铙钹，
为消除藏地贫穷赐给我！
能够生出各种财宝食物的
能够长出吉祥甘露饮料的
吠琉璃做成的无价宝钵，
为消除藏地饥渴赐给我！
有雪藏土乃是饥饿之地，
请把几座财宝库藏赐给我！
有雪藏土乃是寒冷之地，
请把终生取暖的衣物赐给我！
除此之外在那边地藏土，
我的行为礼仪应当如何，
请尊贵的父王教给我。

公主这样流着泪述说了悲伤话语后，国王用心底里的慈爱劝慰女儿说：

像我心肝一样的女儿，
吐蕃本是一块形胜之地，
山高地洁还有雪山环绕，
清凉美丽如同天界无量宫，
稀有珍奇是利乐产生之本。

四条大河流淌林木葱茏，
生产五谷还有各种宝藏，
牲畜遍野盛产果实酥油。
王是天神臣民具有菩提心，
虽无佛法却有国王的国法，
这样的夫家女儿应该前往。
我的本尊不动金刚佛像，
连同尊胜弥勒的法轮，
那是人间寿命两万岁时，
印度法王支支为建造本尊，
汇集各种珍宝一大聚，
迦叶佛亲自为它开过光，
由化身工匠把它铸造成。
最初铸造成功弥勒法轮，
然后铸出不动金刚佛像，
佩戴各种珍宝相貌端严。
信奉的所依利乐的源泉，
见闻思触都能功德无限，
天上地下都无与伦比，
依照神佛们所作的预言，
为了使未来众生积福德，
建造了世尊八岁身量像，
造成之时世间光明普照，
天神们降下了满天花雨。
这样的功德最胜依止处，
我虽然爱惜得像自己眼珠，

今天也把它陪送给女儿你。
连同尊胜弥勒的法轮，
为了教化众生陪送给你。
还有自现的度母旃檀像，
它能够消除八灾与碍难，
为了保护平安增益善业，
今天也把它陪送给女儿你。
还有珍贵药草和铙钹，
为了消除穷困陪送给你。
珍贵的吠琉璃大宝钵，
它能够生出各种财宝和食物，
它能够生出吉祥甘露饮料，
为了消除饥渴陪送给你。
金银珍宝绫罗和绸缎，
大象骆驼马骡等驮畜，
其他所需食品和衣物，
你所要的全都送给你。
出身高贵相貌美丽的十个女子，
作为你的侍从随同你前去。
还有肺腑之言你要记取，
你在雪国国王的王宫中，
在与大臣臣民相处时，
你的行为礼仪应如此。

接着，尼泊尔王对公主详细讲说了世间为人处世的道理和教训。然后，国王立即接见使臣们，举行了隆重的饯行宴会。只是觉卧及弥勒[2]二尊佛像，若是用车子装运则道路难行，若是用牲畜驮载则所有牲畜都不能驮动，费了一番周折，后来找到两头化身的白母犏牛可以驮动。于是把觉卧及弥勒两尊佛像安置在牛背上，各种珍宝物品由其他牲畜驮载。赤尊公主骑了一头白骡，与美女十人一起，由吐蕃的使臣们护卫进藏。尼泊尔臣民们送行到孟域而回。公主和使臣们在途中遇到山岩激流相连的险路时，就将驮子卸下，各种物品由人传递过去。另一种说法说佛像都下来步行，通过之后再让骡子、骆驼、大象驮载物品，佛像再骑上自己的驮畜，这样到达了吐蕃地方。吐蕃的大臣百姓等击鼓奏乐，隆重欢迎。

法王松赞干布来到举行喜筵的地方，会见了赤尊公主。对于他们的结婚，有三种不同的见相：十方如来佛所见到的，是法王与王妃用十二佛事利益众生有情；十地菩萨们所见到的是圣观世音菩萨化身为藏王松赞干布，忿怒度母化身为尼泊尔妃赤尊公主，利益众生有情；凡人百姓们所见到的，是国王与王妃正在交杯饮酒、互系彩线，结为夫妻。

此后，法王与王妃及各位大臣住在宫中，法王常留在本尊神像前不出来，对神像贡献各种供养并发誓立愿。赤尊公主心想："藏王英武神俊，有各种功德，但是这样不出来露面，一定会引起外敌侵犯边境，应当想一个防范外敌的法子。要是向吠琉璃宝钵祈求，可以得到无数量酒食，这些酒食施给吐蕃臣民可以让他们建立一座大城。"她把这个想法告诉了藏王，并与内外办事的大臣们商议决定。于是赤尊公主把吠琉璃宝钵放到宝座上祈求，宝钵中立刻充满各种食品，都让臣民们随意取食，让他们建城。在木阴羊年为城墙奠基动土，建成后城墙高三十版，高大而广阔，每一边约长一个"江扎"（即声音能传播到的距离），城的大门向南，内有红色宫室九百间，连同顶上国王的寝宫共计一千间。一切宫室屋檐，装饰着珍宝，游廊台阁，都有铃铛摇曳发声，显得堂皇富丽。城市宫殿之美，和大自在天的胜妙宫殿相同，使人观赏无厌。各种珍宝装饰，并有各种锦缎璎珞，美妙悦目。从威猛方面来说，和罗刹城楞伽布日相同，宫殿顶上遍插刀枪，竖着红旗十面，并以绫缎相连。从坚固方面来说，若是有外敌犯境来攻，有五个人就可以守护。另外南面的城墙处，掘有十尺深的沟，上面铺着木板，木板上再铺着砖，有一匹马在上面驰驱，就会发出十匹马奔腾之声。又在城的南面仿照用砖修建的城堡的式样，修建了扎拉吉祥无量宫，作为赤尊公主自己的寝宫，共计九层，高大宽敞，美妙壮丽。国王与王妃的寝宫之间有铁桥相连，桥上悬挂绫幔、拂尘、铃铛，摇动时发出声音，国王与王妃从铁桥相互往来。这样无比稀有、壮丽绝伦的王宫，城堡落成的时候，国王与大臣们举行盛宴欢庆。

迎娶尼泊尔赤尊公主之第十二章完。

注释：

[1] 噶尔：即第十章中的噶尔·东赞域宋，噶尔是其家族姓氏。噶尔家族在吐蕃早期为权势极大的贵族，东赞域宋及其子钦陵相继执掌吐蕃朝政达数十年之久。又，《新唐书·吐蕃传》记噶尔·东赞域宋为禄东赞，说他“不知书而性明毅，用兵有节制，吐蕃倚之，遂为强国”。

[2] 弥勒：佛教菩萨名。根据佛经记载，原出生于婆罗门家庭，后为佛弟子，先佛陀升于天，上升于“兜率天”，经四千岁下生人间，于龙化树下继承释迦牟尼的佛位而成佛。

第十三章　迎娶汉地文成公主

此后，大臣噶尔又来到国王松赞干布面前，请国王颁布命令前去求娶唐朝公主。国王交给他七枚金币，说："这作为见面礼品。"又交给他嵌有朱砂宝石的铠甲一副，说："这作求娶公主的聘礼。"并另外赐给金沙一升，吩咐他在必要时使用。又交给他三卷信函，说："唐主将会三次让你返回吐蕃请示，到时候你可将这三封信依照顺序呈上，切记不要错乱。"此外，还赐给所需要的器具衣饰及骆驼、骡子等驮畜，打发他们上路，并嘱咐无论白天夜晚或经过什么险路，都要向尊胜救度母祈祷，然后通过。

于是，噶尔携带法王所交给的各种物品，驱赶驮畜，偕同大臣随从等一百余骑，于火阳猴年四月八日胜曜之日起程，向汉地进发。到达汉地京师唐主太宗居住的吉祥万门宫门前时，看见这座城有十万家民户，每一条街道都大约有一天的行程。并且有四大城门，使人一见就悚然惊惧。此时，印度法王的使臣一百骑，也为求娶唐朝公主而来；格萨尔军王的使臣一百骑，也为求娶唐朝公主而来；大食财宝之王的使臣一百骑，也为求娶唐朝公主而来；巴达霍尔王的使臣一百骑，也为求娶唐朝公主而来。不同民族的婚使共计五百名，一时都会集于唐朝皇帝驾前。印度使臣住在东门，格萨尔王的使臣住在南门，大食王的使臣住在西门，霍尔王的使臣住在北门，吐蕃使臣住在东门和北门之间。

此时其他各路使臣，都已经贡献了觐见礼品，获得皇帝召见。吐蕃使臣也求陛见，唐王谕令稍为等待。过了七天，皇帝与侍臣等走出皇宫，噶尔乘机献上金币七枚，作为觐见礼品，并将嵌朱砂宝石的吠琉璃宝铠献给皇帝。噶尔说道："大王，这吠琉璃宝铠具有诸种功德，若是遇到人畜瘟疫时，身穿这副铠甲绕城一周，人畜瘟疫即行消除；若是遇到霜雹灾害，穿上这副铠甲绕行田间，霜雹灾害可以免除；征战时身穿这副铠甲定能获胜。这副铠甲是世上无价之宝，谨以它作为聘礼，求娶王上的贤明公主为我们藏王的王妃。"皇帝定睛打量噶尔，随驾诸臣都大笑起来，嘲笑噶尔的狂妄。皇帝说："荒谬言词真是稀奇！我朝自先帝以来王统未曾中断，你家藏王的权势版图都不能与我朝匹敌。然而念你们远道前来此地的劳苦，你们可返回吐蕃去，问你家藏王能否建立十善国律，如能，则许嫁公主，不能，则不许嫁公主。"噶尔说："要是每一封信函都往返于汉藏之间的道路，那就无法迎娶公主了，对陛下所问的问题我们王上已有答复在此。"说完将第一卷信函呈上，皇帝拆开信观看，见蓝纸上写着金字，文字为汉文。信中说："你唐主有国法，我藏王就没有教法吗？大王你要是喜爱十善国法，只要你许嫁公主，我就将变化五千化身，一日之内就可以建立十善国律，这难道不是稀有的事吗？若是这样做了你还不许嫁公主，我就将派遣化身军旅五万前来，杀死你，劫回公主，摧毁你的全部国土。”皇帝看完后大惊，内心虽然惊惧，仍然作出镇静的样子，说：“你家藏王也是夸口太甚。你可返回吐蕃再问，你们吐蕃有没有建立佛寺的能力，如有，则许嫁公主，若无，则不许嫁公主。”噶尔又将第二卷信函呈献给皇帝，说：“一纸书函，何劳往返，陛下所问，我们王上已答复在此，请皇上一阅。”皇帝拆开信函观看，见信中说：“你们汉地佛法昌明，有修建佛寺之能力，难道我藏地国王就不能修建佛寺吗？大王你要是喜爱修建佛寺，只要你许嫁公主，我就变化五千名工匠，修建一百零八座佛寺，庙门都朝向你住的方向，这难道不是稀有之事吗？若是这样做了你仍然不许嫁公主，我就将派遣五万化身军旅前来，杀死你，劫回公主，摧毁你的国土。”皇帝惊骇异常，但仍然故作从容说：“你家藏王未免夸口太甚，你可返回吐蕃询问，你们吐蕃有五种妙欲的受用吗？若有，则许嫁公主，无有，则不许嫁公主。”噶尔又将最后一卷信函呈献皇帝手中，说：“为了一纸书函，不值得往返奔走。陛下所问的问题，我们王上已答复在此，请陛下一阅。”皇帝拆信观看，见信中说：“你唐王有财宝受用，难道我藏王就没有财宝受用吗？大王你要是喜爱财宝受用，只要你许嫁公主，我就将变化五千化身，使金银、谷物、绸绫、衣饰、饮食等各种受用可与天神们的受用相比，再在四方开设商市，使你国中的财物都自然集中于我的国门前，立刻可以得到各种财物受用，这难道不是稀有的事吗？若是这样做了你仍然不许嫁公主，我就将派遣化身军旅五万前来，杀死你，劫回公主，摧毁你的全部国土。”皇帝看见后更加惊骇，心中想道：“前来求娶我的女儿的虽然有很多人，最后恐怕要将她许配给藏王了。”皇帝为此心中不安，返回宫中。

太宗皇帝与皇后、太子、公主等商议此事，皇帝说道：“佛法出自印度，慈恩浩大，应当嫁给印度法王。”皇后爱财，说：“应当嫁给大食财宝之王。”太子喜爱武艺高强的人，说：“应当嫁给巴达霍尔王。”公主喜爱身材英俊的人，说：“嫁个终生相伴的伴侣，最为要紧。”她的意思是在格萨尔军王身上。只是对吐蕃，并没有一个人喜欢。

其后，皇帝宣布说：“我对你们各位婚使本无亲疏之别，只是想许给聪明敏捷的，现在通过斗智来决定。”于是取出翠玉一颗，称为夏葛摩，大小如同一面小盾牌，宝光闪耀，有一孔在侧边，有一孔在正中，里面的孔道如像藤条一样曲折。又取出绫一匹，交给五家使臣，说：“谁能把这匹绫穿过翠玉里面的孔道，即答应嫁公主给他家。”吐蕃以外的其他使臣都有势力，所以先由他们把玉取去，过了好多天，传来递去，谁也不能穿过，才交给大臣噶尔，说：“我们怎么也不能穿进去，看你能不能。”这聪慧的噶尔，事前已捕捉了一只汉地的蚂蚁，喂给它奶子，蚂蚁长到拇指般大小。于是用丝线拴在蚂蚁腰上，再将绫缎的一端缝到丝线上。然后，将蚂蚁放入玉的孔眼中，手拿着绫缎往里吹气。由于受气的逼催，蚂蚁就从侧边的孔里爬出。然后从蚂蚁腰上把丝线解下，缓缓抽过，绫缎也随着丝线从玉孔中穿过。大臣噶尔就对皇帝说：“我们按您的规定完成，请把公主许给我们。”皇帝说：“还要比试智慧。”由于轻视吐蕃，所以不答应嫁公主。

第二天，又将五百只羊交付给使臣们，说：“明日之内谁能将羊杀完，剥完皮，把羊肉吃尽，把羊皮鞣好，就把公主许给谁家。”吐蕃的使臣们每人杀羊一只，分别剥皮，把肉堆集在一边，把羊皮堆集在一边，将肉切成小块，蘸上食盐吃。吃完羊肉之后，把一张张羊皮由队列头上的人开始每人搓揉一下，依次传递搓揉，到队列末尾时已经该涂油了，涂上油后又传递搓揉，传到队列头上时即已鞣完。再看其余各地的使臣们，未能完成任何一件规定的事情。于是噶尔向皇帝请求说：“我们已按要求的完成了，别人都未能完成，请把公主许给我们。”皇帝回答说：“还要再比试智慧。”又拿出一百坛酒分给各家使者，说：“谁能在明天中午以前把酒饮尽，不倾洒，不醉迷，就把公主许给谁家。”噶尔给吐蕃使臣们一个小酒盅，每次只倒一点，从头上开始，每人一口喝干。到把酒喝完时，没有倾洒也没有人喝醉。再看其他各家的使臣，他们用大碗斟满，唯恐到时候喝不完，急急忙忙地喝，结果又醉又呕，酒也洒到地上。噶尔又请求说：“我们已按要求完成，其他人都未能，请把公主许给我们。”皇帝回答说：“还要比试智慧。”由于轻视吐蕃，所以仍不答应嫁公主。

又交付母马一百匹、马驹一百匹给使臣们，说：“谁能区分出它们的母子关系，即将公主许给谁家。”其他使臣不能区分，大臣噶尔将母马与马驹分别拴在两处，一夜之中只给草料，不给饮水，次日早晨将马驹放入母马群中，马驹各到其母跟前吸奶，由此辨认出了它们的母子关系。又请求说：“我们区分出来了，其他使臣未能，请把公主许给我们。”回答说：“还要比试智慧。”仍不答应。

第二天，又交给使臣们母鸡一百只，小鸡一百只，说：“谁能识别出它们的母子关系，就把公主许给谁家。”其他使臣又不能识别，大臣噶尔把食料撒在一片空地上，把鸡都赶到那里，于是母鸡和小鸡成对地觅食，在母鸡项下来往觅食的，就是其子，否则就不是，由此识别出来了。噶尔请求说：“我们识别出来了，其他使臣未能识别，请把公主许给我们。”又回答说：“还要比试智慧。”

又交给使臣们松木一百段，说：“谁能分辨出木头的根和梢，就把公主许给谁家。”其他使臣又不能分辨，噶尔将木头全都运到河边，投于水中，其木头根那边较重没入水中，树梢那边较轻浮在水面，由此认出根梢。又请求说：“我们分辨出来了，其他使臣未能分辨，请把公主许给我们。”仍然回答说：“还要比试智慧。”

一天晚上，宫中突然擂响大鼓，其他各地的使臣都前往宫中。吐蕃使臣们的住所的女店主说：“其他使臣都已入宫，你们不去吗？还是前去为好。”大臣噶尔说：“并未召唤我们入宫，也不知击鼓是何意思。”女店主说：“其他使臣都去了，虽然未召唤你们，也应前去。”于是噶尔知道这次击鼓有异常之事，在领吐蕃使臣们到宫中去的时候，每进一门，都在门上涂上颜色为记号。他们到宫中时其他各地使臣都已聚齐，皇帝宴请各地使臣，宴会结束时天已黑定，皇帝说：“你们使臣自己寻路返回住所，谁能找到自己的住所，就许给公主。”大臣噶尔从宫中借得灯笼，到每一个宫门时都依前面所作记号而行，所以返回了自己的住所。第二天天亮后观看其他的使臣，有的误入别人的家中，有的找不到门径而睡在街头。噶尔又请求说：“我们返回了自己住所，其他使臣没有能返回，请把公主许给我们。”皇帝说：“三天之后在东门外，让公主站到三百名盛装的美女中，谁能认出公主，就把公主许给谁家。”

于是噶尔与女店主结好交合，赠给酒食加以笼络，与她互叙衷情，噶尔说：“我们吐蕃大臣来到汉地已过了一年，几次比试智慧我们都获胜，公主本应许给我们王上，但因皇上轻视吐蕃而不给。化身公主我们也没有见过，只听说她的名声就像青龙鸣响。公主和你们十分亲近，请你把她的情况详细告诉我，现在正是关键之时，三天后就让公主混杂在三百名女子当中，列队在东门外，谁能认出公主，就把公主许给谁家。其他使臣的势力强大，一定会让他们先认，要是他们不论谁家认出，公主就被他们领去了，我们就得不到了。即使他们不能认出，我们认出了，只怕还是欺侮我们而不给公主。虽然这样，由于业缘我们一定会得到公主。到底会怎样还很难说，请你好好给我们指教一番。我可以当你的丈夫长住此间，可以让其余的使臣领公主去吐蕃。”说罢，送给女店主金沙一升。女店主说：“你们吐蕃使臣说得有理，皇帝是偏心太甚。但是这也不是皇帝一个人的意思，没有一个人喜欢你们吐蕃，都说吐蕃是饿鬼之地，唯愿公主被其他地方的使臣迎去。要是他们在比试智慧中有一次获胜，就把公主给他们了。这个神变公主，是我服侍过的女主人，她的情形我都知道。只是汉地的卜算最灵，我要是说了，被他们测算出来，必定会杀死我，所以我不能说。”大臣噶尔说：“我有办法使测算的人不能算出。”于是把房门紧闭，立起三块大石头，石头上放一口大铜锅，锅里装满水，在水面上撒上各种鸟的羽毛，用一个红色盾牌盖上。让女店主坐在上面，头上盖上一个陶罐，罐子上盖一张网，在罐子上开一洞，洞和网眼之间插上一根铜管，由管中通话。这样，即使占卜的人推算出来皇帝也不会相信。这样安顿好了，噶尔说：“你现在可以详细告诉了。”女店主说：

请大臣心中牢记，
这天神化身的公主，
身量并不高过旁人，
身段并不特别苗条，
服饰并不特别华丽。
她的特别之处在于，
脸色青蓝而红润有光彩，
口喷出莲花的芳香。

由于身上的香气，常有一只碧玉蜜蜂飞绕在她左右。她的右颊上有贝壳纹，左颊上有莲叶纹，额间的朱砂痣上有度母像。牙齿上有白点，颌下有迭肉。公主在三百名女子中不在队列之尾，也不在当中，而在左起第六人之前。公主身体和衣服整洁光滑，没有牵执的地方。可在一支新箭上系上一方红绫绸，到公主身前时，用箭的倒钩勾住公主所穿的五重锦衣外面的大红锦袍的衣领将其牵出来。

听到这儿，噶尔拆掉前头摆设的那些东西，身心欢畅地说：“我们吐蕃使臣在前几次比试中都已领先，这次也一定能够获胜。我们前来汉地并非为了经商，也不是为了探亲访友，若能迎回公主，也是我们的光彩，所以要仔细辨认。三天以后从三百名女子当中谁能认出公主，就一定许给谁家。因此可不能粗心出差错。”

三天以后，三百名盛装的女子排列在东门之外，汉地的人都来观看热闹，这时皇帝传诏说：“各位使者可按先前的顺序辨认公主。”最先由印度法王的使臣入场，从行列当中选出两名装饰华丽的女子，口中说公主非此即彼，他们喧嚷而去。此后，大食财宝之王的使臣入场，选出两名美女像先前使臣一样领去。此后格萨尔军王的使臣入场，也选出两名美女，像前面使臣一样领走。此后，巴达霍尔的使臣入场，也选出两名美女领着走了。大臣噶尔看到他们所选认的都不是公主，心中大喜，脸上露出笑容，把事前准备好的箭拿在手中，领着吐蕃使臣们入场，他们到行列左面，由最边上的女子开始，一边数一边说：

这像是一位屠户家的姑娘，
不然手上为何这样鲜红。
在这前面的，像是陶工之女，
不然双手为何这样皲裂。
在这前面的，像是樵夫之女，
不然衣服为何这样灰白。
在这前面的，像是造盔甲的，
不然衣服为何这样油渍。
在这前面的，像是皮匠家的，
不然身上为何这么多皮绳。
在这前面的，像是铁匠之女，
不然衣服为何染上黑灰。
在这前面的，像是织工之女，

不然身上为何尽是绫罗。

在这前面的，

想来是公主，

脸色青蓝又红润，

口中喷出青莲香，

芬芳引得碧蜂绕，

脸颊现出贝壳纹，

额上现出救度母，

牙齿细密有白点，

仙女化身自非凡。

这样赞扬完毕，噶尔用箭端勾住公主外衣衣领，把公主引出队列，公主一边哭泣，一边随着吐蕃使臣而行。噶尔看见公主流泪，知道这确实是公主，心中大喜，唱起了歌，吞米桑布扎和止塞如恭敦二人随声而和，歌中唱道：

噫，世上最珍奇的，

天神化身的公主，

请你细听我的歌。

我们吐蕃的土地，

吉祥又使人喜爱，

是由五种珍宝构成。

巍峨壮丽的王宫中，

住着天神化现的人主，

名字就叫松赞干布。

他的身姿英俊神武，

他的心地慈悲善良，
看见他就使人钦慕。
依照佛法掌国政，
臣民都听他号令。
吐蕃大臣和百姓，
一起唱起幸福歌。
教法的红日升起，
吉祥的灯火常明。
山上有各种树木，
地里有五谷生长，
它们都欣欣向荣。
金矿银矿和铜铁，
各种珍宝都齐备。
牦牛绵羊和骏马，
生息繁衍聚成群。
吐蕃安乐正如此，
珍奇的神妙公主，
请你记住我的话。

听着这首歌，公主心里想道："要真是这样，也与我的家乡相似。"这才擦掉眼泪跟随吐蕃使臣而行。使臣们请公主骑上马，在街市上周游一圈，并夸耀说："我们吐蕃使臣胜过印度、霍尔使者，公主将被我们迎去。"众人都惊奇地把手指塞进嘴里。汉地的人们叹息说："我们的贤明公主被这伙吐蕃人迎去啦！"此时皇帝对其余的使臣们说："你们也是我大唐的亲戚，你们所挑选的女子可各自领回本国。"大臣噶尔嘱咐公主说："现在应当准备动身去吐蕃了。"于是送公主回宫。

公主回到宫中，父皇说："你应该前去当吐蕃的王妃。"公主说："吐蕃没有佛法，土地险恶路途又远，父兄不能相见，我不愿去。"皇帝说："你不要这样说，应当前去。吐蕃国王有未卜先知的神通，我所问的问题，他的使臣未返回吐蕃就已在信函中回答了。若是他知道你不肯去，就将发兵五万前来，杀死我，劫走你，并摧毁我的国土，那就难办。从他的使臣的行事看，你还是前去为好。"这时，公主起身向父皇致礼，并说道：

这是父王的唯一命令，
还是尊贵母后的意思，
还是王兄哥哥的劝告？
今日之事这样的离奇，
竟要我到远方吐蕃去。
雪山环绕的吐蕃，
气候寒冷地险恶，
又多神怪和龙魔。
雪山像野兽张着大口，
悬岩像野牛支起犄角，
使人心中没有欢乐。
谷物不生的饥馑地方，
屠牲食肉的罗刹遗种，
行为粗恶的野蛮人群，
这样的边地佛祖未曾到过。
没有佛法的无明黑暗之洲，
既没有佛塔也没有佛寺，
造福积德也没有福田可种。

要让我到这样的地方去，
父皇的福田本尊神像，
释迦牟尼佛像赐给我。
雪国吐蕃是饥饿之地，
装满珍宝的食库赐给我。
雪国吐蕃是寒冷之地，
一世温暖的衣服赐给我。
吐蕃杀生，人们清浊不分，
服侍陪伴的侍婢赐给我。
在那边远的邦土中，
在与那里臣民相处时，
我的行为举止应如何？

公主这样擦着眼泪请求以后，父皇慈爱地说道：

像我眼珠一样珍爱的女儿呀，
吐蕃那雪山环绕的土地，
正是优越神秀的地方。
雪山像自然形成的宝塔，
四座湖泊像碧玉的坛城[1]，
生长珍贵的黄金花朵之洲，
清凉美丽像仙界无量天宫，
四条大江奔流草木繁盛，
五谷生长出产各种珍宝，
牲畜遍野果实酥油丰盛。
在这样稀有殊胜的地方，

在那珍宝装饰的王宫中，
住着天神化现的人主，
他是观世音菩萨的真身，
他是慈悲贤明的国王。
弃除十恶依据十善立法，
权势显赫利乐受用无穷，
功德无量的天神化身国王，
英武睿智对待臣下宽厚，
这样的夫家女儿你应前往。
为了美丽的女儿修造福田，
我的佛祖释迦牟尼身像，
修造的施主是帝释天王，
是用十种珍宝铸造而成，
毕夏噶玛亲自担任工匠，
佛祖曾经亲临为它开光，
这尊无比的神佛身像，
不论用见闻思触向它祈请，
都能尽快获得成佛正果，
这般利乐之源的觉卧像，
虽然爱惜得像自己心肝，
也把它作为嫁妆送给你。
储藏财富的珍宝仓库，
虽然满是我心爱之物，
也作为嫁妆送给女儿你。
金玉镶嵌的经史书籍，
还有佛经三百六十卷，

虽然上面镶嵌众多金玉，
也作为嫁妆送给女儿你。
各种炊具和精美食品，
各种茶具和香醇饮料，
黄金宝鞍和碧玉马镫，
也作为嫁妆送给女儿你。
特制的狮子锦缎八鸟绸，
绘有贝壳宝纹的奇香木，
为使国王惊喜送给你。
汉地卜算书籍三百卷，
能够指示吉凶如明镜，
也作为嫁妆送给你。
各种绝妙的工巧技艺，
各种精美的如意装饰，
六十种讲说工艺书籍，
也作为嫁妆送给你。
能治四百零四种病痛的药品，
百种诊断和五观六行的医术，
还有四续医书都送给你。
一世温暖的绫罗绸缎，
艳丽华美的各色衣物，
共计两万多件也都送给你。
出身高贵身材姣好的美女，
处处都能符合你的心意，
选出二十五名随你前去。
唉，难舍难离的女儿呀！

我的肺腑之言你要记取。

要想软化有雪藏土的众生，

你的行为举止应该是：

眼界要广阔，行为要仔细，

办理内外事务要干练，

言语要柔和，心地要善良，

对王要尊重，对下要慈爱，

知惭又识愧，不可稍疏忽。

如此之类的为人处世的道理悉为教诲。父皇拉着公主的手不忍别离，但又想到公主终究要去吐蕃，于是赐给公主不可计量的嫁妆。此后，公主领着侍女，到大臣噶尔跟前问道："大臣，觉卧释迦佛像已答应送往吐蕃，无量财富也将携带前往。你们境内有没有山楂树？有没有红彩石沙土（瓷土）？有没有花岗岩？有没有马兰花？有没有蔓菁？"噶尔回答说："只是没有蔓菁，其他的都有。"于是又带了蔓菁种子。又建造车辆，把觉卧释迦牟尼像放到车上，由汉人大力士拉噶和鲁噶二人拉车。又送了大量珍宝、绫罗、衣饰及所需物品，并赐给了马、骡、骆驼等驮畜。皇帝又宴请吐蕃使臣，并大加赏赐。于是公主盛装，与二十五名美丽侍婢骑马上路，父皇母后及朝中大臣等都送行一程。临分别时父皇母后心中难舍，又嘱咐一番处世为人的教训，然后公主向吐蕃进发。

在这送别之时，大臣止塞如恭敦嫉妒噶尔之功，故意说道："为了汉藏和好，应当留一个吐蕃聪明大臣在此，作为与公主对换。"同时斜眼盯着噶尔。皇帝说："我的贤明公主已被你们吐蕃娶走，应当留下噶尔作为交换。"此时，大臣噶尔知道是止塞如恭敦嫉妒自己，于是说道："为了汉藏双方和好，我可以留在此地。"大臣噶尔将大臣吞米氏及娘氏二人领到一旁说："我在汉地仅住五月，这期间我尽量作恶，你们到时候可派人伪装成乞丐来找我。"于是吐蕃使臣们护送觉卧佛像和公主向吐蕃进发，而留噶尔一人在汉地。

皇帝为噶尔娶了一个妻子[2]，赐给一座上等宅院居住。然而噶尔心中悲苦，神情不安，不到妻子跟前去，也不进食，渐渐变得形容憔悴，又黑又瘦。他在床下面放一张腐烂牛皮，使自己身上染上臭气。他又把自己的右颊涂上红色，左颊涂上白色，使床前满是脓血腥秽。于是他的汉人妻子问道："大臣，你身上臭气难闻，脸色苍白，莫非得了病?"噶尔答道："我得了热病，你还没有发觉吗?"他的妻子赶快报告皇帝，皇帝心中不安，到噶尔那里问道："大臣，你有什么不舒服?"噶尔说："我被热病所苦。"说着吐了一口痰，痰为脓血色。皇帝又觉察他身上有臭气。于是说："明天我派一个良医来给你治病。"说毕回宫中去了。噶尔对他的妻子说："你们妇人晦气重，明日医生来时，你若在场，医生不能辨别我的脉息，你可避往邻居之家。"待其妻去后，噶尔用砖垒起一个高台，在房梁上挂根绳子，使自己脚向上、头顶抵地，周身脉道错乱。

次日，皇帝领着医生前来，医生按脉后说："周身的脉都已错乱，难以诊断，既不像中风，又不是疸病，也不是肺病，也不是肠热，也不是十八种男童魔症，也不是一千零八十种疑难病症，也不是恶魔缠身之症。恐怕是心情不安引起的内痨之症。求医供佛，恐怕都难以奏效。"皇帝说："医生，明后日可再来诊病。"次日，医生来时，噶尔在腋下藏一只猫，将线绳系在猫腿上，将绳子的一端交给医生切脉，医生说："仅剩一只微小走兽的脉息了。"又过一天医生再来时，噶尔把一公鸡藏在腋下，将线绳系在鸡腿上让医生切脉，医生说："仅剩一只微小家禽的脉息了。"皇帝心中为此极其不安，向噶尔问道："大臣，你足智多谋，有没有什么好办法，一定照你的办法去做。"噶尔心想，现在时机到了。对皇帝说道："陛下，我的病是由于陛下强留我在此使吐蕃护佑神灵不悦所造成的，要是让我到可以望见吐蕃地方的高山上祭祀山神，可能会有效益。祭品需要一皮口袋燃烧绸缎的灰，杀活羊取一羊肚子羊的脾脏的血，三捆没有裂缝的木炭，以及一匹红头灰马。这些东西很难得到，陛下也难答应，恐怕我只有一死。只是我现在还不能死，我死之后，将出现十八种恶兆，使汉藏失和。藏王有预知之神通，若是知道我死在汉地，会派兵来摧残汉地一切地方。我由远道来此，又被同行使臣所遗弃，现在身又染病，虽然想念我的王上和亲戚故旧，也不能相聚，虽有财物饮食受用也难有益处，今生只不过像一场幻梦而已。”说完蒙着头睡去。听了这些话，皇帝心中惊恐，说：“要是这个办法对你有益，就这样办，你放心睡觉。”说完离去。

于是皇帝下令找寻这些东西，只是烧光山林，也找不到没有裂纹的木炭，烧光所有的绸缎，得到的灰也不满半皮口袋，杀光所有的绵羊，羊脾脏的血也不满半个羊肚，只找到了一匹红头灰马。噶尔说：“其他物品得不到也没办法可想，可以用红头灰马作为驮我尸体的马，让我骑上，再找一匹汉地良马驮上我的冥食和尸衣，到那能见到吐蕃地方的高山上祭神。”当噶尔动身去祭神时，皇帝问道：“大臣，春季已临，快要耕种了，如何才能获得丰收，你是聪明人，请赐教。”噶尔说：“我们吐蕃先将种子放到炒锅中炒到稍微发黄，然后种到地里，庄稼枝高叶盛，三个月就能成熟。”于是皇帝说：“我们也照吐蕃的办法办。”于是敲起大法鼓，命令百姓都把青稞全部炒黄种下。

当噶尔养息身体准备前往祭神时，吐蕃使臣派遣的伪装成乞丐的人来了，噶尔用隐语对他说：

远路上的长胡子公山羊不可相交，
此处闭口到彼处去说。
黑色城墙快要到了，
山沟的沟口沟脑都受困，

把直棍子插到岩洞口，

白旗卷起黑旗飘，

月亮将到太阳边。

乞丐返回后告诉了使臣们，众人都不懂其意，汉妃公主知道，解释说：“大臣噶尔在汉地造下大恶业了。‘远路的长胡子公山羊不可相交’，是说不要与长胡子皇帝交谈；‘此处闭口到彼处去说’，是说到吐蕃使臣那里告诉；‘黑色城墙快要到了’，是说他让汉地把种子炒黄了播种；‘山沟的沟口沟脑都受困，把直棍子插到岩洞口’，是说在箭筒中多多插箭；‘白旗卷起黑旗飘’，是说他白天静坐黑夜逃奔；‘月亮将到太阳边’，是说他很快就到我们这里。”大臣噶尔骑上红头灰马，另外一匹马驮着食物和衣服，还带了许多盐水腌渍过的干肉，动身到能望见吐蕃地方的高山去祭神。皇帝怕噶尔逃往吐蕃，派了四个武士护卫。

噶尔走后，皇帝说：“我家公主的情状必定有人泄露给了吐蕃使臣，派卦师推算。”卦师推算以后，报告说：“三座山之上有一个大湖，湖中间有许多鸟禽，湖中间有块红色平地，有一个头和身子一样大的妇人，身上、头上到处长着眼睛，她用一个铜嘴告诉吐蕃使臣的。”皇帝心中不信，下令把推算占卜的书籍尽行烧毁。除八十五种五行推算学书籍传入吐蕃外，其余的都失传了。

大臣噶尔到了能望见吐蕃地方的高山上，他悄悄地购买许多醇酒并藏起来。他给了护卫的武士们许多干肉，说：“为了我的病能好，请你们多吃肉。”然后祭祀山神。这四个武士吃了咸肉口渴难忍，噶尔又给他们喝酒。武士们喝醉了酒，毫无知觉。噶尔把他们乘马的马腿砍断，兵器毁坏，自己骑上红头灰马，牵着驮载东西的马逃走，并且说道：

火烧绸缎得来的灰烬，

是偏心的皇上的衣物库；
谷穗无籽成为灰粉，
是吝啬的皇后的粮食库；
火烧山林剩下的焦木炭，
是好武的太子的兵器库；
脾脏无血的羊儿都杀光，
算是到天神那里赎罪过。
我身体没病躺在床头上，
医生派到枕边又有何用，
我现在离开此地回故乡。

念毕，噶尔快马加鞭而去。

此后，汉地的麦穗都成为黑苞，汉人们说：“麦穗中没有籽实了。这恶毒的吐蕃使臣把我们的绸缎烧光了，羊儿杀完了，森林被火烧掉了，让我们把种子炒黄了种下，现在谷物无收，贤明公主又被带去，觉卧释迦牟尼像也被迎往吐蕃。他竟如此作恶，我们今后怎么办呢？现在他一定不回来了，可能逃往吐蕃了！”这些议论传入皇帝耳中，皇帝想这些话必定真实，于是派了一百个武艺高强的骑士去追捕噶尔。前面的四个武士酒醒之后，情知中计，但是没有乘马，兵器又丢了，回去又觉得惭愧，又恐皇帝加罪，于是追随噶尔而去。行到甲曲河曲时，唐朝的追兵将近追及，噶尔命令四个武士在甲曲河曲岸边满布马粪，遍踏马蹄印。用火煨热羊角，然后弯成弓，让四个武士不时放射羽箭。唐朝的追兵看见这种情形，说：“接应他的大队精骑已到，我们恐怕不能敌得过，不如返回。”于是追兵返回。

这时汉妃公主与吐蕃使臣一行已到丹玛岩前，在这石岩上刻了七肘高的弥勒像一尊、《普贤行愿品》经文两部。在此等候了一个月，噶尔仍未来到。又前行至朋波山，使臣有的开山修路，有的猎取野兽挤奶，噶尔仍未赶到。又前行至康区白马襄地方，在那里种地，安装水磨，在此等候两月，噶尔仍未赶到。又前行至郭冬门地方，因损伤了汉地福运，汉地的守护神运用法力将地门关闭，在此滞留了两个月。此时大臣噶尔赶到，知道郭冬门关闭，是因为汉地守护神不悦之故，就焚烧林木生起大烟雾，献酒食祭祀神灵。其祷词说：

祭神祭神祭祀神灵，
祭祀汉地皇帝之神，
致祭京师的守护神，
致祭汉皇的威灵神，
致祭吉祥门护卫神，
祈愿倒地林木复立。
致祭吐蕃大臣的神，
致祭有雪境土之神，
请你们迎接汉公主。

这样祈祷祭祀，反复了多次。到夜晚，所有倒地的林木都直立起来，道路又可通行。又前行到九沙山，绕行沙滩，在幽暗中举起灯火，紫檀林立于道路右面，醋栗林立于道路左面。这以后再未遇到障碍，平安抵达吐蕃。

于是，派遣信使向吐蕃国王报信，说："我们使臣迎请觉卧释迦牟尼像和公主等即将到达，请赐以隆重迎接之礼。"赞普说："救度母化身的公主具有大神变，不知她将由何方来，各个方向都应当好自迎接。"此时，在四方都出现公主化身之相。东面的人说："公主是从东方来的。"因此，东面的"饶"地方也称为"嘉饶"。南面的人说："公主是从南方来的。”说南面“止”地方的水沟里的冻冰像吉祥的右旋白螺的说法就是从这时开始的。西面的人说，“公主是从西方来的。”说西面之贝巴园的山岩形如猪鼻，应当建立一座寺院，这种说法也是从这时开始的。北面的人说：“公主是从北方来的。”他们前去迎接了公主及觉卧佛像，因此北面的一个村子被称为拉舒[3]。虽然说法各异，但是公主实在是从北面的郭拉[4]地方到绕木切[5]的平原的。在绕木切地方，车轮陷在沙土中，大力士拉噶与鲁噶未能拽出，觉卧佛像就留在此处。于是在觉卧佛像四周立了四根柱子，用白绸遮盖，加以供奉。

第二天，公主穿着各种锦缎衣服，戴上金玉宝饰，二十五名侍女也穿着绫罗，佩珠戴玉，携带琵琶等乐器前往扎拉乃乌塘游览观赏。这时吐蕃大臣民众都来会集，歌舞戏乐，盛极一时。此时尼泊尔妃从扎拉吉祥无量宫的房顶观望，见汉妃主仆都穿着盛装在扎拉乃乌塘游玩，心中十分愤怒嫉妒。于是说道：

噫嘻，你这汉家的公主，
领着仆从们在此地。
使臣们历尽艰辛请你，
长途跋涉才来到蕃地。
你虽然是汉家的公主，
却与我有巨大差别。
我先迈进蕃地门槛，
又是尼泊尔王的公主。
王上是我先见到，
论理自然是长妃，
长妃要是不尊不贵，
世法还有什么真伪。

长妃是王上的正室，
次妃是长妃的侍婢。
念你是为着王上而来，
我们二人还可以比赛。
赛一赛礼赞三宝，
赛一赛信奉佛法，
赛一赛建造佛寺，
赛一赛服侍王上，
赛一赛救护贫弱，
赛一赛信受正法，
赛一赛积财置产，
赛一赛耕稼农务，
赛一赛娘家父兄尊荣，
赛一赛自己嫁妆多寡。
若是这些赛不过我，
你别妄想当上主妇，
你别想逞王妃尊贵。
长妃正室的大神殿，
至今还未曾建一升，
次妃偏室的小神殿，
你别想在先建一捧。

尼泊尔妃这样说完，汉妃公主心中大为懊悔。想到自己舍弃了父兄和荣华享受，远道来此。初到此地，还未得到住宅，也未得到依靠，吐蕃国王的面还未见到，王妃的名义也没有，与内外诸臣也不熟识，她就说出这样嫉妒竞争的话，大不应该。我二人都是远道来此当王妃，应该彼此谅解，同甘共苦，同心服侍王上，护佑臣民，长幼相携则内外事务都可完成，发展下去，可以一辈子如同姊妹一般亲密。但是她不这样，我初到这里，她就说出妒忌争竞的话来。我们二人的父兄、嫁妆、世间事务，不论哪一方面我岂不如她。因此汉公主回答说：

嘿，真是稀奇又可笑，
我还连住宅也未得到，
双脚还未跨进大门槛，
还未见到王上的面容，
王妃的嫉妒未免太早。
天空上的飞鸟的羽翎，
湿地上生长的细竹竿，
二者条件各异地位同，
因有业缘，在箭手那里相聚，
虽有上下也仅是名字不同。
深山沟脑开放的花朵，
沟口平地生长的锦葵，
二者颜色娇丽地位同，
因有业缘，在神像面前相聚，
到来有先后仅是名义不同。
从尼泊尔来的赤尊公主，
与我汉地来的汉家公主，
父兄嫁妆各条实际相等，
因有业缘，在王上跟前相聚，
虽有长幼也只是名义不同。
不论长幼正侧等等名分，

若能和谐胜过同胞姊妹，
若相忌恨变成冤家仇敌。
汉地尼泊尔之间道路远，
两家父王各自治理一国，
若炫耀娘家我岂有不敌。
利乐福善产生的本源，
见闻触念都有无量功德，
炫耀觉卧佛像我岂不敌。
金银绸缎以及各种珍宝，
马骡骆驼等等各种驮畜，
若要炫耀嫁妆我岂不敌。
完成世间事业的各种工艺，
装饰打扮与饮食烹调，
农事耕作与纺织技巧，
比赛心灵手巧我岂不敌。

这时大臣噶尔也衔恨唐朝皇帝的偏心歧视、公主的鄙薄吐蕃，公主来到后不到一个月，就使公主主仆没有一个服侍的人。于是公主的侍从们说："人们说吐蕃为饿鬼之区，确实不假，今后恐怕连饮食也不能供给了。"公主听到这些话，心中悲痛难忍，召见噶尔说："大臣，当初是你说得好听，我才来到此地。俗话说：不要把狗哄到面前来打，不要做无耻欺侮的事。我主仆等人的饮食衣物请送来，我们远道来此不想遇到这些烦恼。"噶尔说："我无权送来饮食，也没有权力去见国王。大权都操在尼泊尔妃手中，请公主自己对她去讲。"噶尔走后，公主灰心失望，思念故乡父兄以及往日的享受，大为懊悔又无办法，伴着音乐唱道：

姑娘，快离此地回故乡！
我带来了觉卧释迦像，
我带来了经籍星算学，
我带来了珍宝和绸缎，
我来使奶子变成酸奶，
我来用酸奶提取酥油，
我来使“达拉”变成奶干。
我把“色哇”磨成了细粉，
我把马兰草编成绳子，
我来安装了自转水磨，
我来把红土制成陶罐，
我带来了蔓菁的种子。
汉地因此而福分衰减。
蕃土因此而享受康乐。
姑娘在慈母身边聪明，
嫁到夫家姑娘心伤悲。
我来蕃土是为了成家，
彼乃呼犬入门加鞭挞，
蕃人这般无耻少信义。
刀子在靠近刀柄处锋利，
短曲在静静磨坊边动听，
姑娘在慈母身边才聪明。
吐蕃国王竟被臣子管，
吐蕃丈夫竟被妻子制，
织机竟被线绳牵着动，
农田竟归杂草野刺管。

这样的地方我无法住，

噶尔臣子太无耻。

如此歌毕，公主让人将觉卧佛像安置车上，把行装放到马、骡子、骆驼背上，说："吐蕃的卑劣，今天已经见到了。"公主正要动身时，大臣噶尔前来，说道："你不能从夫家私自返回娘家，恐惹人耻笑，而且到汉地去的道路也不通了，来的时候没有我，你们滞留路途无法前进。现在我就去与尼泊尔妃商议，启奏我王。"噶尔请国王来与公主相会，于是国王来到举行喜筵的地方，与汉妃公主相会。

对他们的结婚也有三种不同见相：在十方如来看来，看见国王与王妃二人用十二佛事利益众生有情；在十地菩萨看来，看见圣观世音化身为赞普松赞干布，尊胜度母化身为汉妃公主，利益众生有情；在黑头凡人看来，看见国王与王妃二人正交杯饮酒，互系彩线，结为夫妻。

国王因为在一个月中未能与公主相会，心中十分懊悔，为安慰公主之心，慰问说："公主，路上没有辛苦吧？没有烦恼吧？能平安到达蕃地，实在难得。觉卧佛像如何运来？山险谷深水急，如何过来的？"公主说："觉卧释迦牟尼像放在车上，由大力士拉噶与鲁噶二人拉车而来，到甲曲河曲乘船渡过，道路虽远也设法行进。经九沙山时绕着冰滩而行，幽暗中举着灯火而行，右面伐倒紫檀林而行，左面伐倒醋栗林而行。汉地国运消损，吐蕃获得安康，但是吐蕃人实在太无廉耻。"说完后哭了起来。这时众大臣都来分辩，责难公主。大臣噶尔说："总之，汉地的人都蔑视我们，除了女店主一人之外，没有一个同情于我们的人。尤其是唐朝皇帝偏心，欺侮我们。就是公主你也是那么不喜欢蕃地使臣。"于是汉妃愧惭，不再言语。

迎娶汉地文成公主之第十三章完。

注释：

[1] 坛城：亦名曼荼罗，印度密教修“密法”时为防止“魔众”侵入，在修法处划一圆圈或建以土坛，有时还在上面画上佛、菩萨像，事毕像废。一般把划为圆形或方形的修法地方或坛称为曼荼罗。

[2] 唐太宗为噶尔娶妻之事，亦见于汉文史料，《通鉴》中说，贞观十五年，“春，正月，甲戌，以吐蕃禄东赞为右卫大将军。上嘉禄东赞善应对，以琅琊公主外孙段氏妻之，辞曰：‘臣国中自有妇，父母所聘，不可弃也。且赞普未得谒公主，陪臣何敢先娶！’上益贤之，然欲抚以厚恩，竟不从其志。”

[3] 拉舒：意为迎接佛像和公主。

[4] [5] 郭拉：其地在拉萨市北面，位于热振寺到拉萨的路上，以前是从北面进入拉萨的必经之地。绕木切在拉萨，即小昭寺所在的地方。

第十四章　修建魇胜寺及再魇胜寺、大小昭寺等寺庙

后来，赤尊公主知道汉妃精通卜算，于是请大臣噶尔说情，并派遣侍女赠给汉妃公主金沙一升，请汉妃为她卜算在何处建立神殿为佳。汉妃于是排开八卦，详细推算，算出蕃地雪国是女魔仰卧之形。于是说道："俄塘湖是女魔的心血，三座山是其心骨。俄塘湖在女魔心胸上，必须填平此湖，在它上面建立神殿。此外，还有一座恶趣门，在绕木切的地下面是龙宫，应当把觉卧佛像安置在此地镇压。路浦地方是黑魔龙睡卧的地方，应当建一座神殿禳解之。西南面达瓦园有一棵毒树，树下是鬼魅和非人聚集之处，该当砍倒。从上沟到娘真沟的地方，是厉鬼精灵行走

的通路，应在中间河岸处建一座大佛塔。东面有一个像鳄鱼爬在土丘上的地煞，即是仲巴山，应当用右旋白螺对之。东南面有一个像女魔劈开双腿的地煞，是香多桑沟，当以大自在天神对之。西南面有一个像黑蝎攫食的地煞，即是玉马山的东山，应当以大鹏金翅对之。西面有一个像黑魔巡逻的地煞，即是旬地方的岩顶，应当用一座石塔对之。北面有一个像大象冲阵的地煞，即是娘真与格德两地之间的山岗，应当用一石狮子对之。这样就可以压伏一切地煞，使这一片地方具有一切功德。

“东方有一座像佛塔的山，叫班科邦哇山，南方有座像诸宝堆积的山，即是止地方的后山，西方有座像螺碗放在云母石上面的山，即是堆龙章浦山。北方有座像莲花开放的山，即是格德拉浦山。此外，娘真盆噶的山头像宝盖，墨竹的后山山泉像金鱼，党卡的山岩岩面像莲花，止地的冰滩像右旋海螺，钟赞山山脖子像宝瓶，玉马山的形状像吉祥结，盆噶山的山身像经幢，堆龙章浦的平原四周像法轮，具足了八种吉祥之相。

“此外，噶尔巴的觉莫塞塞地方有铁矿，惹噶岩有铜矿，拉冬岩有银矿，吉卡山的山岩上有金矿。东方白虎，是下噶莫冬地方；南方青龙，是思莫河；西方朱雀，为旬地方的扎玛德鸟山的山梁；北方玄武，是娘真帕崩卡地方。

“这样为了压伏仰卧的女魔的肢体及魔怪眷属，应当立十二根不动的铁钉，也即修建四座魇胜寺——在约如修建昌珠寺，在布如修建噶杂寺，在叶如修建藏昌寺，在藏地修建仲巴寺，若还不能压伏，再修建四座再魇胜寺——工布布曲寺、昆当赛尔寺、强真格吉寺、扎布则寺，若是还不能压伏，再建四座分魇胜寺——康地的垅塘珍玛寺、崩塘的吉楚寺、察日的喜饶珍玛寺、仓巴的陇恩寺。这些寺庙应该先修建，若是来不及把它们修成，也应先打上地基。这样去做，你修建神殿才没有障碍。这样天上八辐轮，地上八瓣莲，四旁有八吉祥物，此地确实在女魔的心脏上。以上各种事情，应依次序去做。开始填湖的时候，要用白山羊驮土去填，填满后再在上面建立神殿，不可生嫉妒的邪见!”汉妃公主对尼泊尔妃的侍女这样详细述说了一遍。

侍女返回尼泊尔妃那里时，已经把公主说的话前后错乱，前面说的消除魔患、镇压地煞、具足功德、修建魇胜寺、依次建造等话语也忘记了，仅对赤尊说：“我问了在何处建寺好，她回答说要先在一切地方建十二寺，用山羊驮土填湖，在那上面建立神殿。”赤尊心里虽然疑惑，但还是依照侍女所说的，用山羊驮土填湖，但总填不满湖的千分之一。尼泊尔妃以为是汉妃公主欺骗自己，于是心生嫉恨，极为不满。她未将此事告诉赞普，相信了几个大臣的话，认为拉冬的乃乌塘地方风水好，在那里奠基建寺。但是白天修建的到夜晚都被神鬼摧毁无余。赤尊绝望悲伤，报告国王。国王说：“你不要悲伤，我有一个询问请教的地方。”当天晚上，国王在本尊神像前祈祷，本尊神像的心间放射光明，没入水中，于是国王知道应该填湖后在那上面建立神殿。于是国王对赤尊说：“明天我们二人乘马出外散闷。”

次日，国王与尼泊尔妃二人去湖边的乃乌塘游玩，国王说：“赤尊，你把你的戒指取下抛向空中，它落到哪里就应该在哪儿建立神殿。”于是赤尊先向本尊神祈祷后，把戒指抛向空中，戒指被一道光明卷起落入湖中，赤尊心想：“若是在湖上面建寺，恐怕今生也不能建成。”于是下了马站在那里痛哭。国王说：“你莫哭，看看湖中，有各种功德。”赤尊擦泪观看，见湖中有各种光明形成的九层座位高的塔，因此整个湖都被光明遍照，光明连成光网，又变成千座神殿的形象。赤尊这才相信应当在这湖上建立神殿。国王也说：“我要帮助你修建神殿。”

次日，国王与众大臣齐奏鼓乐，迎请自现旃檀佛像到此湖边，在湖的四周垒起土堆，竖起旗幡祈祷祝愿。赤尊也祈请吠琉璃宝钵，得到无数酒食，召引吐蕃臣民都来服役。使吉楚河[1]水改道流向色哇冬，不再流入湖中。又把石头运到湖的四周投下，使湖变成方形。又在四面各堆起四个往湖中抛石头的石台，国王亲自到各个石台之上，向湖中各种光明形成的塔祈祷，大臣们一面口念六字真言，一面把石头抛到湖中。由于国王祈祷的法力，湖中形成一座九层座位高的方形石塔，如同自然形成的水磨的轴心，坚固不变。国王、王妃及各位大臣见到这情形，俱生敬信。又砍来六十根又粗又长的柏树，木根放在湖四周的石台上，木梢搭在湖心自成的石塔上，如同架起伞盖的骨架；又砍来许多又粗又长的醋栗木架在柏木上，形成网格。化身比丘阿伽惹马迪西拉，又用神变法力到龙宫中去，取来金刚泥涂在木头上，使那些木头直到劫末也水泡不坏，火烧不燃，斧砍不断。在上面又盖上木板，再在上面铺上一层砖，浇上铁水，使其坚固。在这些上面才铺土夯平。这样于土阳狗年填完俄塘湖。当时法王松赞干布二十二岁，大昭寺的围墙也于该年奠基。在土阴猪年为大昭寺神殿奠基，修到齐腰高时众人都心生欢喜，不料第二日竟被神鬼摧毁。赤尊又大为悲伤，到国王面前说：“大王，填湖之上修建神殿恐怕不可能完成，请你去看我的神殿。”国王说：“你不必悲伤，我有请教办法的地方。”于是国王又到本尊神像前祈祷，从空中五色界天发出声音说：“大王，先建造一尊你自己的十一面木尊像，再建你的神殿就无违碍。”说毕即逝。于是国王对尼泊尔工匠说：“你能建造一尊称为我的身像的十一面观世音菩萨像吗?”工匠回答说：“能。”造像的原料是由印度迎来的蛇心旃檀一段、菩提树枝、海岛的茅草、尼连禅河边的沙子、八大伽蓝若取来的土等等稀有珍奇的东西，将这些磨成粉末，用红色黄牛的奶汁和白色山羊的奶汁调和成一个大泥团。当国王把头靠在御床的枕头上时，国王向本尊神像祈祷说：“我的本尊神观世音菩萨的身相甚多，应当塑一尊什么样的像？这些身像中以十一面如意宝像最为珍贵，是否应当建十一面像?”这时，只见众佛及菩萨像日光一样来到，进入泥团之中。国王看到这一情景，心想我的本尊神前来为它加持了，于是在御床上睡去。次日中午醒来，只见未经工匠塑造，泥团已自然形成十一面如意宝像。最下边的三面是白色微笑面，做和平功业，它们上边的三面是金色威猛忿怒面，做昌盛功业，再上边的二面是珊瑚色笑容忿怒面，做自在功业，再上面的二面是黑色忿怒面，做镇压功业，最上边是黄丹色的阿弥陀佛像。阿弥陀佛像以下塑像的高低与国王的身量相等。法身根本的十只手的标志是：第一双手于胸前合掌，右面第二只手执念珠，第三只手执法轮，第四只手做胜施妙印，第五只手执无量光，左面第二支手执白莲花，第三只手执净瓶，第四只手执珍宝，第五只手执弓箭（原注：佛像自现时，只有根本十手，其他变化之手由工匠所塑）。具足受用的变化之手有三十八只：右面的十九只手依次拿的是：第一珍宝、第二宝绳、第三宝钵、第四腰刀、第五金刚、第六火珠、第七水晶、第八弓、第九柳枝、第十拂尘、第十一盾、第十二宝瓶、第十三钺、第十四念珠、第十五青莲花、第十六净瓶、第十七太阳、第十八白莲花、第十九谷穗。左面的十九只手依次拿的是：第一白云、第二净瓶、第三莲花、第四宝刀、第五海螺、第六骷髅、第七念珠、第八宝铃、第九金刚、第十铁钩、第十一锡杖、第十二化身佛、第十三神殿、第十四经卷、第十五法轮、第十六佛像、第十七果品、第十八莲花蕊、第十九珍宝。又有细支的千只手装饰，每一只手的掌心有一只智慧眼。手脚戴金钏及蛇为饰。各个忿怒面都有三只眼，头发赤黄向上卷起，身上有诸宝装饰，放射光明照遍十方。上身披兽皮掩住左乳房，像好端严，光辉灿烂。国王一见就心中好生欢喜，对尼泊尔工匠说：“你建造珍奇佛像，建得这样快，可将印度迎来的自成旃檀像，七世佛的舍利子安置到它的心间。”工匠禀报说：“这尊像我并未建造，是自然生成的。”话刚说完佛像就活动起来，左腿上的僧裙卷至膝上，心间放射光明。迎请佛的舍利子及自现旃檀像到胸前，按智慧菩萨之像座下。此后，这尊像顶上的阿弥陀佛稍偏向左方，僧裙卷至膝上的情状一直存在。蛇心旃檀为这尊像头部中柱的质料，两株菩提树为双腿之质料，前述诸物为身体部分的质料，并为这尊像散花。此后，尼泊尔塑匠又建造世自在、空行观世音、忿怒度母、救度母、光明佛、妙音天女、甘露漩明王、马头明王等。于是各方都呈现祥瑞，大地呈现六种震动。国王、王妃及众位大臣，都向塑像奉献各种供品，祈祷发愿。正当国王在这尊佛像面前祈求破除建筑神殿遇到的违碍，使之能顺利竣工之时，西面的达瓦园的毒树下有许多魔怪及非人聚集，他们说："这内贼松赞干布毁坏了我们的住处，堵塞我们的道路，我们也不能让他建成神殿，要断他的善根，降下冰雹、霜冻和瘟疫。"国王察知此事，乃向观世音像誓愿祈请，于是观世音菩萨像的微笑面产生一道光明，随即化为火焰，两张忿怒面也生出光明，随即化为马头明王及甘露漩明王，二道忿怒智慧火焰都喷到达瓦园的毒树上，如霹雳击入群魔之中，魔鬼有的倒地，有的昏迷，有的哀号，二位忿怒尊神又用智慧火焰将众魔鬼驱赶，一直赶到远方的外洋中，使它们不能返回，由于智慧火焰喷到达瓦园的岩石上，那里的岩石上自现一尊观音像。次日国王与众大臣到这自现像前供养祈祷，并赞颂说：

观音菩萨，世间依怙；
神圣诸佛，装饰头顶；
身色洁白，犹如雪山；
不沾烦恼，犹如莲花；
大慈大悲，法力无边；
救度众生，脱离苦难；
为求福佑，虔诚顶礼。

这像虽是清晰地自现于岩石上，但是为了未来众生有情聚积福德，又由尼泊尔工匠更加明显刻出。

至此，国王知道建造神殿已经没有违碍了，于是国王与大臣们一齐到填湖之上，加持地基，定立标记。此时，有个长着三只眼睛和蛇状冠的身体洁白得与释迦牟尼佛像颜色一样的龙王前来，向国王奉献了一根白龙筋，并说：“要是国王的神殿在小千界时遭遇损害，我来守护。请在殿内为我建造两个塑像。”又有个欢喜龙王前来说：“要是国王的神殿在中千界时遭遇损害，我来守护。请为我建造一个塑像。”又有一个亲喜龙王前来说：“要是国王的神殿在三千界时遇到水害，我来守护。请为我建造一个塑像。”又有魔王朗噶增居前来，向国王奉献黄金一盘，说：“国王的神殿遇到火灾，我来守护，请为我建造一个塑像。”又有罗刹拉噶古比惹前来，奉献一张黄金毯，说：“国王的神殿若是遇到地、水、火、风等灾害，我来守护，请为我建造一个塑像。”又有战神玛哈噶拉来说：“国王的神殿若是遇到外敌及非人侵犯，由我来守护。请为我建造一尊塑像。”又有吉祥天女前来，奉献一只铁牛，说：“大王，你的神殿要是遇到男人女鬼侵犯，我来守护，请为我造一个塑像。”又有各位上师前来说：“国王的神殿应当按上师的规矩建造。”又有众位密咒师前来说：“国王的神殿应当按我们咒师的规矩建造。”又有蕃土民众前来说：“国王的神殿应当按蕃土的规矩建造。”国王心中大喜，一一听从。于是国王用无量酒食供给蕃土民众，使他们前来服役。有的运砖，有的筑墙，有的运泥，将下层墙壁砌成（原注：多丹俄聂马说：“自大昭寺的围墙奠基到蔡巴贡噶多吉出家之前，中间经过七百四十五年。”）。又砍伐来许多柏木，国王化现出化身一百零八人守护殿门，又在殿内化现木匠一百零八人当木工，他们的饭食只由尼泊尔妃一人递送。有一次到送饭时赤尊正在本尊神像前供奉，所以派遣一名侍女去为国王送饭。侍女开门进入殿内，却不见国王，只看见陌生的木匠一百零八人，正在雕刻一百零八只狮子的鼻子，侍女不知应当把饭送给谁，只得返回，将饭食交给尼泊尔妃。这侍女心想：“听说王上善于变化，不知是不是真的？”所以当赤尊为国王送饭进殿后，侍女从门缝中偷看，才知道木匠都是化身，侍女嘻嘻地笑出声来，国王转眼观看，一斧头砍错，将狮子的鼻子削下，随即各个木工也都把自己雕刻的狮子的鼻子削掉了。

这一百零八名木工有的雕柱、有的刻梁、有的做椽子，然后又有的立柱、有的上梁、有的架椽、有的铺板、有的盖顶。（原注：阿底峡大狮的伏藏书[2]中说："大昭寺下殿仅用两天就建成了，应当是指盖顶而言。"）这样，国王用化身的办法四天筑墙，六天做木工，两天盖房顶，共计一十二天，就把大昭寺的下殿全部建成。

此后，在四面门上画上曼荼罗以满足上师们的意愿，在柱子上画上金刚杵以满足咒师们的心愿，在四角上画雍仲字[3]以满足本波们的心愿，画上方格图案以满足蕃土臣民的心愿，并建造先前答应的那些塑像以满足各位护法、龙王、罗刹、魔王的心愿。又将这四喜神变殿的大门朝向西方尼泊尔国境，此后，赤尊又从尼泊尔境内招来许多能工巧匠建造了上殿（原注：大昭寺上殿与绕木切小昭寺，分别历时十二个月建成）。

与此同时，汉妃公主也从汉地招来许多木匠、塑匠，建成嘉达绕木切神殿（即小昭寺），殿门朝向东方。

在此期间，国王又以化身的办法建造魇胜寺、再魇胜寺、分魇胜寺。为镇压女魔的右臂，修建了布如噶杂敏珠寺，并修建塞香格德神殿为分殿，其修行处为则洛东的岩洞。为镇压女魔的左臂，修建了约如昌珠吉祥慈恩寺，并建赞塘神殿为分殿，其修行处为普莫切。为镇压女魔右胯骨修建了叶如藏昌菩提善地寺，并建格仲神殿为分殿，其修行处为"则"地方的崖洞。为镇压女魔左胯骨，修建了仲巴杰无垢清净寺，并建孜神殿为分殿，其修行处为"江"地方的崖洞。此后又修建四座再魇胜寺，为镇压女魔右肘，在东方白虎头上修建工布布曲寺。为镇压女魔左肘，在南方青龙的肉冠上修建洛扎昆当寺。为镇压女魔右膝，在西方朱雀背脊骨上，修建了香蚌格吉寺。为镇压女魔左膝，在北方玄武的额头上修建了扎东则寺。恐怕这些还不能压服女魔，又修建四座分魇胜寺，为镇压女魔右掌，在康地修建垅塘珍玛寺，用木雅人为工头。为镇压女魔左掌，在南方修建崩塘吉楚寺，用印度人为工头。为镇压女魔右脚掌，在西方迦湿弥罗地方修建察日喜饶珍玛寺，用尼泊尔人为工头。为镇压女魔左脚掌，在北方修建了仓笆陇恩寺，用霍尔人巴贝扬为工头。

又为了测定日月星辰，在东方修建了噶曲、冈曲、林曲三座寺庙。又为了修炼火神仙人法镇压火灾，在南方修建了聂朗卓寺与林塘寺。又为了护卫吐蕃与尼泊尔交界地区，镇压水害，在西方修建了古浪与香昆两座寺。又为了制服神、龙、鬼魔及镇压风害，在北方修建了格日与拜扫两寺。由于修建了这些寺庙的福佑，凡是日光所照到的境土都被制伏。惹萨幻显神殿（即大昭寺）再没有违碍，顺利建成。此后，赤尊与汉妃公主二人，彩绘惹萨幻显神殿（大昭寺）与嘉达绕木切神殿（小昭寺）的一切绘画图案，历时十二月同时完成。

国王在建造了各个魇胜寺、再魇胜寺之后又到昌珠地方[4]，承事供养珍宝佛教，对那些具有出家标记的人都供奉如顶髻，并说："我的臣民，都应该像我一样去做。"有次国王外出时，看见斩蛇谢罪所建的五峰塔前有一个老年托钵僧，将一领袈裟铺在地上，正在捉虱子。国王知道这个托钵僧有出家之相，于是向他顶礼，并说："我是统治一国的君王，为了在这边地雪国境内使佛教像太阳一样升起，建立了各个神殿寺庙，并在其中建立了许多佛的身、语、意之像，而且加以培养，凡有出家标记的人我都敬礼供奉，这些事情难道不珍奇稀有吗？"这托钵僧站了起来，将袈裟搭在手臂上，说："大王你为了弘扬佛法，尊敬出家之人，到我托钵僧面前致礼，当然珍奇，但是我就不稀有珍奇吗？"说完，他就把那座五峰塔放到右手的五指上，巡行一周。见到这一情景，国王心中颇觉惭愧，于是除去自己的头巾，让托钵僧看自己的阿弥陀佛之相，说："你的本领稀奇，但是我的脸相就不稀奇吗？"那托钵僧脱开胸前衣服，拿起刀子切开自己的胸膛，让国王看他的胸中，只见诸神佛都在胸内，说："大王，你只有一位神佛之相，我有这样许多。这难道不珍奇吗？"国王见后大喜，生起信仰心，于是请托钵僧接受自己的供养。之后国王下令说："出家之人无论僧衣如何褴褛，习俗举止如何怪异，都不可对他们产生邪见，都要尊敬供养他们。今天的事就是一个例子。"

修建魇胜寺及再魇胜寺、大小昭寺庙之第十四章完。

注释：

[1] 吉楚河：即拉萨河，发源于拉萨东北面，流经拉萨市区南面，至拉萨市西郊与堆龙河汇合，至曲水县注入雅鲁藏布江。拉萨河下游地区藏语称为吉学。

[2] 伏藏书：专指从地下、山岩间、古建筑中发掘出来的古代埋藏的经籍。其中有一些是托名伏藏而流布的伪书，有一些是经过后人整理、编订的古代文献。

[3] 雍仲字：字形为"卍"，亦称万字符，为古代本波教（本教）的一个神秘字，谓其象征福德和吉祥。

[4] 昌珠地方：在西藏山南乃东区泽当镇南，其地有昌珠寺，并有相传松赞干布和文成公主居住过的楼房。

第十五章　大、小昭寺及魔胜寺、再魔胜寺建成及开光

赤尊与文成公主二人建造各个佛殿竣工后，前往布达拉山顶，邀请国王松赞干布。次日，赤尊请松赞干布观看佛殿，焚香奏乐，迎请国王及诸大臣一同到幻显神殿。赤尊打开神殿大门，松赞干布迈步刚要入内，看见地面所抹的泥土平滑如水，上方的各种彩绘映照其间，松赞干布误以为以前的湖水再次涌出，因而不敢入内。赤尊取下戒指抛出去，戒指在地面上如冰上飘石一般轻轻滑过。国王见此才相信确为地板，于是进入殿内，并对赤尊说："你的神殿，譬如幻影显现。"因最初用山羊驮土填湖，所以称此殿为羊土幻显殿。此时，国王又观看这殿中种种稀有之

相，但见：

好一座奇异绝伦的无量佛宫，
功德无边建造得极其精美。
四四方方的地基自然形成，
四角上画着吉祥永固雍仲字，
四门上画着神圣曼荼罗坛城。
地板上抹土像吠琉璃颜色，
天花板上画着鱼类和水族，
辉映在地板上像活龙游鱼。
上下两部树立的根根木柱，
好像是绝妙精美的金刚杵。
梁柱梁盖像座座层叠佛塔，
造型奇特真可谓世间无双。
内外墙板再加上所有柱梁，
雕刻着古往今来史传故事。
上下两殿屋檐的椽木头上，
都装饰着碧玉鬃毛白狮子，
一百零八只跳跃形态不同。
悬挂的珠帘是蓝宝石颜色，
墙壁的上缘都装饰着璎珞。
殿檐和箭垛也遍布着珍宝，
黄金屋顶是那样光辉灿烂。
各种绫罗绸缎做成的耳旒，
还有拂尘铃铎在前面高悬，
四周还有条条铁索相连接。

这无数珍宝装饰起来的，
无量佛宫和威严护法殿，
全都有拯救众生的法印。
(原注：“这是佛不住世时的救主”)
相貌庄严充满福德智慧，
是那燃灯如来佛的化身，
八大菩萨塑像围在四周，
两尊忿怒神像守护殿门。
护法殿右边是无量光佛，
身是红色双手结平等印，
无比珍奇而又相貌端严。
观世音菩萨和众位金刚，
八大随侍弟子围绕在四周，
月莲宝座上金刚半跏趺坐。
殿门右边是秘密主金刚手，
颜色天蓝向空中挥舞宝杵。
殿门左边是忿怒秽迹金刚，
颜色红黄还能够除去污秽。
护法殿内左面是尊胜弥勒，
双手结成转动法轮印，
色如红花端庄又威严，
内外供养的仙女围绕四周，
无比珍奇又绝顶美丽，
月莲座上金刚半跏趺。
护法殿南面是不动金刚像，
相貌端严手结镇压平等印，

放射光芒犹如黄金须弥山，
威猛弟子环绕在身边，
那是一脸四手的大千摧破母，
各自还跟着一脸六手神。
六条腿分别屈伸的阎罗像，
颜色蓝黑六张脸都现忿怒，
六只手各持兵器多凶猛。
颜色洁白的智慧阎罗像，
一张脸八只手有屈有伸。
莲花阎罗像是莲花色，
一脸四手呈现威猛像。
蓝黑色的障蔽阎罗威猛像，
一脸四臂摧毁违碍魔军。
殿门两边是多闻财神像，
身色金黄能够除贫穷，
右手持宝左手拿着黄金鼬[1]。
殿堂大门外边是龙王殿，
三条巨龙都是一头两臂像，
龙爪盘成菩萨趺坐形，
颜色分别是红、黄和褐黄。
殿堂大门右边是夜叉殿，
魔王朗噶增居有九只头，
头顶着马头身体是蓝色。
夜叉和乾闼婆神都是红色，
三张脸四只手菩萨趺坐形。
殿门楼上的七世佛像，

相貌端庄显现化身形。
下殿墙上绘的神佛像，
南墙的图形是观世音，
大慈大悲能救八种苦[2]，
又绘文殊主从护五方，
还护佑西方净土极乐地。
西南角上画着五部佛，
又画国王利益众生功业图。
西北角上彩绘的图形，
是三世佛陀和众随从。
在北面和东北连接处，
画着释迦牟尼十二功业图。
东墙上画着度母观音像，
又画释迦伏魔和菩萨像。
东南角上彩绘的图形，
是释迦佛和药师佛的侍从。
还有白色度母马头明王像。
中层楼上的大部分图画，
是一百零八种单传法。
各种颜色的绘画色泽艳，
赞普一见心中多欢喜。
东南的角楼有梯子可通，
雍仲的这一角塑有吉祥神。
北护法殿修建得实在精美，
只是还没有佛尊在此住持。
按照化身国王心中的愿望，

打算用马车和各种鼓乐，
迎请布达拉自现十一面尊，
前来北护法殿担任座主。
当天夜里各部自现神像，
吹奏着天神乐曲来迎接，
十一面尊运用神变升空中，
降落到未修台座的北护法殿。
盛装严饰的世间大自在，
忿怒度母加上妙音度母，
甘露漩明等住在门右边。
蓝色脖颈的空行观音像，
尊胜度母和各位光明天女，
马头明王等住在门左边。
就在这时大山微微摇动，
大海轻轻掀起层层波浪，
众天神从空中降下花雨。
此时国王、王妃、众位大臣，
由于信仰之力而泪流满面，
各自向神殿佛像献上供品，
心意虔诚向佛像顶礼膜拜，
因此各人都获得共同悉地。
欢喜龙王和亲喜龙王等，
还有魔王朗噶居增等，
再加罗刹、乾闼婆、古拔拉，
战神玛哈噶拉吉祥天女等，
都被委派为神殿的护法神。

此后，汉妃也邀请国王到绕木切，观看殿堂，亦极欢喜。

接着，国王打算为幻显神殿及绕木切神殿开光，准备了各种庆贺物品，陈列无数供品，高悬宝盖经幡，齐奏管弦音乐，国王亲自到曼荼罗坛城上，手持鲜花，双手合掌，口念真言道：

人类的主宰能仁释迦佛，
你用无数变幻利益众生。
祈求祖师如来佛等，
十方佛陀赐给吉祥。
用流水不断的方便慈悲，
随类教化，普度众生，
祈求尊胜观世音菩萨，
以及各位菩萨赐给吉祥。
清净无垢的佛陀的教谕，
用四摄善业弘扬佛法，
祈求佛陀弟子各位罗汉，
尊贵的声闻部众赐给吉祥。
还请十方各界所有的，
过去未来现在住世的，
一切佛陀和各位菩萨，
为此神殿灌顶加持护佑。

国王这样祈请以后，片刻之间，诸佛、菩萨、空行、空行母及护法天女等像日光一样降临，似云雾笼罩空中，各位佛陀都散花加持，各位菩萨赞颂吉祥，大梵天及帝释等天神降下大花雨，各个仙童天女拿着宝盖、宝幢、经幡、瓔珞、念珠等，击鼓敲锣、摇铃、吹笛，奏起天神音乐，并焚烧天香，如马拉亚山的微风徐徐吹来，香遍十方。仙童天女等同声赞颂道：

将诸佛密意聚集在一起的，
慈悲之主观世音菩萨，
为了教化边地弘扬佛法，
派遣圣者你降生为人主。
佛的化身松赞干布王，
你的智慧和功德都那么显著。
法王你建造的这两座神殿，
众佛已经为它们开光，
菩萨们已为它们隆重供奉。
天上已经降下了花雨，
空中已经弥漫着香雾，
大地已经铺满了珍宝，
佛教的经幢已经树立起来，
圣法的大鼓已经咚咚敲响。
今天空中升起了教法的太阳，
今天福德的明灯照遍四方，
今天国王得到了灌顶祝福，
就像莲花在阳光下开放。
今天大臣们清除了尘障，
就像穷人突然找到了宝藏。
观音菩萨化身的法王呀，
请你今天尽情地欢乐吧！

说完之后，诸佛、菩萨、天神隐去。这样，幻显神殿与绕木切神殿的开光仪式就同时圆满完成。这些神佛显现的情景犹如镜子中的影像及水中的月亮一般清晰可见而不能实际接触。但是因国王与臣民都明显地看见了，所以都心中欢喜，生起信仰。这样盛大的庆祝后，吐蕃臣民欢乐融洽，表演了难以尽述的歌舞游艺。此时，国王在欢庆的地方升上宝座，站了起来，用大梵天一般的嗓子，唱起了国王欢乐歌：

慈悲之主是佛家三宝，
指引解脱之路的是观音菩萨，
我们虔诚地向您顶礼，
请听我们的吉祥歌曲。
今天在面前的虚空中，
亲眼见到佛陀和菩萨，
就像彩云一般地聚集，
吉祥的开光自然完成了。
大梵天和各位天神，
敲鼓弄钹奏出神曲，
天空降下白莲花雨，
吉祥的开光自然完成了。
佛教的经幢树起来了，
黑暗和愚昧被战胜了，
由于有了摧毁魔军的法力，
吉祥的开光自然完成了。
圣教的大法鼓敲响了，
五毒痴愚自然熄灭了，
随着三宝敲起的鼓声，

吉祥的开光自然完成了。

今天幸福的太阳升起来了，

不由得心中生起了欢乐，

满足愿望的受用像雨水降下，

吉祥的开光自然完成了。

本尊神像赐给了吉祥，

松赞干布得到了吉祥，

唱起了欢乐的吉祥歌曲，

祝愿蕃地臣民都得吉祥！

这样唱完，王妃与大臣庶民都欢喜敬信，向国王顶礼并奉献供养。

此后，国王又在扎拉鲁布地方修建神殿，所供奉的主神是图巴扎拉囊布，其右面是舍利子，左面是目犍连，再右面是弥勒佛，再左面是观世音。这主从五尊虽然明白显现在岩石上，为了让未来众生积福，还由尼泊尔工匠将它们明显刻出。其转经堂则由吐蕃臣民等在岩上凿出。谁若是凿得岩石粉末一升来献，国王就用食盐一升奖励，若是拿半升岩石粉末来献，即换给食盐半升，臣民纷纷前来开凿，以致盐价涨到六十倍。这座神殿的神像彩绘完工后，即举行开光仪式。

大小昭寺及魔胜寺、再魔胜寺建成及开光之第十五章完。

注释：

[1] 黄金鼬：相传能口吐珍宝，故多闻财神的塑像手执黄金鼬。

[2] 八种苦：为佛教用语，为四谛中的苦谛的主要内容，指：1.生苦，2.老苦，3.病苦，4.死苦，5.怨憎会苦，6.爱别离苦，7.求不得苦，8.五盛阴苦。

第十六章　为求利乐福德埋藏伏藏 蕃土臣民俱得佛教教法

汉妃与尼泊尔妃二人都没有生子。松赞干布娶象雄妃，又没有生养。象雄妃修建了腾布郭巴神殿，建在贾喀孔地方。松赞干布再娶乳容妃，也没有生子，乳容妃修建了米芒蔡神殿，建在郭夏林地方。松赞干布又娶了木雅妃，仍没有生子，木雅妃修建了卡扎色神殿，建在卡那冬地方。此后，松赞干布又从堆龙的孟氏家族娶了孟妃赤姜，有预言说她当为国王生一个儿子。满了九月又十天，于铁阴蛇年在扎拉吉祥无量宫中，孟妃生了一个继嗣王统、举世无双的王子，起名为贡日贡赞[1]。王子周岁的喜筵，办得非常隆重，众人都十分欢喜。为了王妃及太子供奉本尊神，在山岩形状像圣救度母坐相的叶巴神山的山谷中，建立了神殿与佛塔，并为它们开光。父王祝愿他们与羊土幻显神殿一样成为佛教的命根。

此后，国王为使吐蕃臣民恪守十善之律，颁布了严刑峻法，规定："凡有损害佛教教法及违反蕃土法律者，定予治罪。"并运用化身，将各种非人精灵等或捆绑，或鞭笞，或抉目挖眼，或刖膝断腿[2]，这些并不是实事，是为了使众臣民心生畏怖利于推行十善法而采用的办法。此时在于阗国地方的黑柳林园中有两个沙弥修习文殊法已历八年，未获得成就。有一天他们忽然听到空中有声音说："你们两个沙弥与文殊菩萨无缘，难获成就，你二人的本尊神是圣观世音菩萨，圣者现在化身为吐蕃之王，你们到那里去可以见到他。"如此授记后，便隐声不闻。两个沙弥听到这话，毛发竖立惊诧不已。于是，不顾身体性命，背上食粮，前来蕃土。在穿过堆龙河谷时，看见河边有许多缺眼睛、少头颅的尸体，鹰和狗正在啄食。两个沙弥心中犯疑，向吐蕃人探问："国王住何处？这些尸体是怎么回事？"吐蕃人回答说："国王住在拉萨，这些尸体是因为触犯刑律被国王治罪。"两个沙弥听了这话，产生邪见说："观世音菩萨中魔了，杀了这么多人，我二人赶快回去吧。"说完就往回走。这时国王已经知道他二人的意思，对大臣止寨如恭敦说："你骑上马快去！在堆龙河谷那里有两个具有出家人之相、头上没有头发、身上穿着缁色的四褶袈裟的人，他们本来想到我这里来，因为产生了邪见又折回去了，你去追上他们好好地领到这里来。"止塞如恭敦骑马追上两个沙弥时，两个沙弥十分恐惧，大臣用温和的语言劝慰，领他们来见国王。国王对两个沙弥致礼，脸现笑容问道："二位沙弥何故前来蕃土？"两个沙弥说："我二人从于阗国来。因为修炼文殊法已经八年未曾获得成就，空中有声音垂示：你们二人的本尊神是观世音菩萨，圣者现在有雪蕃土化现为王，到此地可以相见。因此我二人不顾身体性命来到蕃地，路上见到有许多尸体，询问蕃土之人，他们说这些死人是因触犯刑律被国王治罪而造成的，我二人惊恐，所以从半道折回去。”国王先让他们二人吃饱喝足，然后除去头巾，让他们看自己的阿弥陀佛之相说：“我就是具有大慈悲的蕃地之主，从我执掌国政到现在一直利益众生，指引通向解脱的菩提之道，对别人没有给过一个针尖那么大的危害。但是蕃地之人是神猴与岩魔的后裔，为教化他们，我才化现威猛之相。”接着国王弹响手指，那些尸体就像彩虹一样消逝了。两个沙弥对国王产生了敬信，说：“大王，我二人历经各种艰难远道来此，是为了便于理解佛法。请大王教给我们三义摄集之法。”国王说：“二位沙弥请听：一切诸法的根本可摄集为三义，于身门断除杀生、不予而取、不净行等，在三宝前顶礼绕行，敬持能获善趣界身的戒律妙宝，随时不离珍宝严饰的戒行；于语门断除谎言、离间、恶语等，念诵诸佛密意所摄的本体，万法根本所摄的心要，一切善业功德的库藏，一切利乐成就的根本，即神圣的六字大明心咒；又于意门断除贪婪、侵害之心、邪见等，皈依三宝，认识三界六道的众生有情，无一不曾是我之父母，他们所受的不堪忍受之苦，应当发大愿使其移到自己身上，我之利乐俱可施舍与彼等，这样修习爱他人甚于己身的具足善心。总之，慈爱悲悯的菩提宝心须臾不可相离，善心实较善法为重。若具足此三义，今世此身即能成佛，若已身不具有此三义，虽然通晓一切经论诀要，也仅是口头之法而无实在意义。”此后，国王又为二位沙弥讲大悲心三大法汇、白莲花经、六字真言功德等，引领他们到获得解脱的菩提之道。这样，两个沙弥欢喜敬信，向国王行顶足之礼，并祈求说：

善哉，化现之身的法王，
你真是心地慈悲的菩萨，
我们欲还故乡烦请相送。

国王说：“你们二人愿不愿意一刹那间顺利返乡？”两个沙弥说：

“无论如何，希望不遇碍难，顺利返回家乡。”国王向他们两人的衣襟中各倒沙子一升，并加持说：“应当变为金沙。”国王还为他二人摩顶，并让他们把自己的东西都放到枕头下面，说道：“心中默念你二人的家乡，然后入睡。”二人遵从命令睡去。等到他二人醒来的时候，已抵达自己的家乡，衣襟中的沙子也都变成了黄金。他们二人下一世都获得证现阿罗汉果。

此后，太子贡日贡赞年满十三岁登上王位，迎娶王妃，于火阳狗年生王子孟松孟赞[3]。贡日贡赞在位五年，享年十八岁时死于布达拉。

贡日贡赞在父王之前逝世，
他的陵墓建在顿卡达地方，
排在朗日伦赞陵墓的左面，
起名叫作陵墓贡钦贡日。

此后又由父王松赞干布执政，一切都享安乐。松赞干布王想到，我的羊土幻显与嘉达绕木切两个神殿在佛教住世期间应使它们具足无量功德，如同宝洲。使诸佛、菩萨、空行、空行母、智慧空行母都化现普通人之身体常住于此，使它们具有的无量功德超越蕃土的一切佛寺，所教化的有情众生的受用与天空一样广大，所有的愿望欲求都能如意，使四方的财宝都集中到这里来，战胜四邻，使蕃土变得没有人能赶得上，光明照遍十方，声誉布满大地，福佑如同日月之光，珍宝财富、谷物粮食、金银、珠玉、衣饰、器物等受用如雨降临。为了使它们具足功德，应当选择地点埋藏宝藏。这就像是在出产如意珠的大海的岸边，城镇村庄都由于它而变得富足。埋藏宝藏的地方，财富受用也会自然而至。这些为未来蕃土民众利益而埋藏的东西有：在瓶子形状的柱子附近埋藏佛经，它的功德是使蕃土将来佛教像太阳东升，获得圣教正法的受用。在树叶形状的柱子附近埋藏金银珍宝，它的功德是使各地财富都集中到卫地，获得金银的受用。在蛇头形状的柱子附近埋藏兵器符咒，它的功德是使外患魔碍与叛逆都不能发生。在狮头形状的柱子附近埋藏福佑牲畜之文书，它的功德是使乳畜繁盛，获得奶酪酥油的受用。将天界宝石装在猫眼石箱子里，并用五色彩缎包裹，埋藏在财神像的下面，它的功德是在衣饰、财物、粮食等方面满足所有的愿望。又将珍贵的药材用蛇皮包裹，埋藏在龙王殿中，它的功德是使农牧业丰收，风调雨顺，不受地妖魔龙之害。又将吠琉璃宝钵装满各种食品，埋藏在罗刹殿中，它的功德是使饮食受用方面满足愿望，得到精美食品。又为了使羊土幻显神殿遇到损坏时能够修缮，经常得到供养，在一个大铜锅里装满金银宝物等，埋藏在大曼荼罗坛城下面，并祝愿将来交付给具足因缘机运之人。又为使地方光明，雨水适时，谷物成熟，免除旱灾、霜雹、荒芜、饥馑、瘟疫、边患等，一切时候都能吉祥如意，又将金银等装在宝器中，裹上各种绸缎埋藏于罗刹、龙王殿以及神殿内各个地方。以上都是简略叙述，要详细知道藏珍宝的情形，可参阅《国王遗教》[4]。

此后，国王说："埋藏这些秘藏的功德，将使我的这座神殿声誉遍于日月所照到的地方，世界上再没有可以和它匹敌的了。信仰它的、为它效力的人将在边地增加，一切边地之民都将归服，它的福德富裕可以与天空相等。将来我的子孙、后妃、大臣、蕃土民众等要想建立寺庙的，若是从我的羊土幻显神殿取走土样石样，就可自然成就开光，不遇到魔障违碍，具足各种吉祥功德。"此后，国王在拉萨乃乌塘为王孙孟松孟赞摩顶祝福并讲解《百拜忏悔经》《白莲华经》《正法月灯经》《观世音成就法》等经论，又给王孙指示了将来发掘伏藏、服事羊土幻显神殿，礼拜、供养、绕行参拜，见闻念触这座神殿的功德，又详细说明了外修院墙内供佛像可以获得功德利乐。王孙把松赞干布所说的这些笔录成文，埋藏在罗刹殿中。此外，国王又预言说："自我下传五代，将有一个名字中有‘赤’与‘德’两个字的国王出世，此时将有许多班智达从印度来此，译定一切佛经，建造许多寺院，弘扬佛法，出家之人将以戒定慧三学庄严此地，将有许多穿袈裟的比丘出世，成为我的子孙们供奉的对象，他们的生活将由王室供应，因此一切利乐功德都会产生。”大臣噶尔立即将这些预言刻在铜板上，埋藏在青浦的神殿中。此外又对内外大臣、蕃土男女臣民、孩童以上的人，依次讲说处世行事所需的众多训诫，用大悲心的升起次第，使他们皈依六字真言的教法（原注：此由大臣止塞如恭敦为利益将来蕃地臣民笔录为文）。此外，国王本人的传记写了详略不同的三种本子，裹为三卷，埋于有瓶柱的下面，祈愿将来交付给有业缘机遇之人。

这样，国王与王妃功业圆满，被有雪蕃地的人们看成是依靠眷恋的父母，救度众生的菩萨，又像是满足人们愿望的妙宝，驱除黑暗的明灯，又像是不分亲疏普照大地的太阳月亮。由于国王足智多谋，外无强敌，又由于国王用慈母之恩护佑内部臣民，治下的吐蕃臣民全都享受到富足和欢乐。

为求利乐福德埋藏伏藏及蕃土臣民俱得佛教教法之第十六章完。

注释：

[1] 贡日贡赞：也称贡松贡赞，松赞干布之子，松赞干布妃孟氏赤木年东登尺尊所生。本书记载贡日贡赞生金阴蛇年，在位五年，享年十八岁，死于布达拉宫。又说孟松孟赞（贡日贡赞之子）生于火阳狗年。显然以上的记载有错误，因为父子之间的年龄只相差六岁。根据其他藏文史料推算，贡松贡赞当生于633年，卒于其父松赞干布之前。

[2] 《旧唐书·吐蕃传》说：吐蕃“用刑严峻，小罪剜眼鼻，或皮鞭鞭之，但随喜怒而无常科，囚人于地牢，深数丈，二三年方出之”。

[3] 孟松孟赞：贡日贡赞之遗腹子，生于狗年（650年），卒于鼠年（676年），享年二十七岁。本文记孟松孟赞十三岁即位，有些史料却说四岁即位，这两种说法有待进一步考证。《敦煌本吐蕃历史文书》的大事纪年即从孟松孟赞在位时起。

[4]《国王遗教》：是著名的藏文古籍《五部遗教》的一部，相传写于吐蕃王朝时期，有德格木刻版。

第十七章　父王母后功业圆满融入自现十一面观音像之心间

唵嘛呢叭咪哞，向观世音菩萨顶礼！

王孙贡松贡赞于早上日出之时，在王宫房顶上观世音菩萨化身的法王松赞干布面前，用自己的衣服给祖父当坐垫，供献许多食品，并多次敬礼和绕行参拜，然后请求说：

善哉！
所有佛陀的事业，
阿弥陀佛的慈悲，

极乐净土的使者，
蕃地臣民的救主。
你对我们慈悲照顾，
就像佛陀降临凡间。
甚深佛意虽已显现，
但是对法性实义的慈悲，
请你不要埋藏在心中。
请将各种隐秘要义掘出，
指示自现无外境之意义，
指示心外无黏滞之意义。
虽然你已经将原意指示，
我们不善思维仍不理解，
请你用三身佛力显明，
使佛意融入我们心中。

这样顶礼祈求以后，父王指示说：大王子请听：

我是诸位佛陀的事业，
曾在阿弥陀佛面前发愿，
用菩提心利益蕃土臣民。
我与佛陀之间并无差别，
众生都是我的教化对象，
这是菩萨对你们的护佑。
佛陀的各种心传甚深意，
本是登上圣道的阶梯，
但是法性实义的慈悲，

不应该向白痴开示。
若因慈爱之心将隐秘显示，
彼等不悟反而会理解颠倒。
我为无依之人开示密意，
请你将它牢牢记在心里。
虽然已将法性都传给你，
我今天的妙说你要听取。
无外境者即是离思量，
离思量后即无所黏滞，
任运无为自然地存在，
无住之物即是平静舒畅。
懂得这一意义的凡夫，
即能脱离边际断戏论，
对此起名叫见宗。
若能握持自明懂空性，
对此起名叫修习。
若能与经义不相脱离，
对此起名叫行持。
若能破除取舍的执着，
对此起名叫证果。
若能无争并利益众生，
对此起名叫慈悲。
若能破除怨愤和懈怠，
对此起名叫大空。
若能利益众生无差错，
对此起名叫圣者。

能用慈悲将臣民收服，
对此起名叫国王。
若能调伏众生使其平等，
对此起名叫松赞。
能用言语利益众生之心，
对此起名叫教诫。
能使众生心中牢记不忘，
对此起名叫口授。
能够引导众生产生信仰，
对此起名叫经籍。
若能自行解脱愚和痴，
对此起名叫正觉。
若能引领众生趋正道，
对此起名叫正法。
若将无黏滞之意融入心，
对此起名叫僧伽。
若能自性存在无追求，
对此起名无黏滞。
若能使凡夫理解教法，
对此起名生次第。
能用各种方法引导思维，
对此起名叫修习。
若能心中理解离凡根，
对此起名叫解会。
若能理解一条佛意，
对此起名叫一根。

能将万性合为一身，
对此起名叫法身。
若能净相现为天神相，
对此起名叫受用身。
能用各种方法教化人，
对此起名叫变化身。
无须识解即能得悉地，
对此起名叫现证。
一切起名仅仅是名义，
应破仅执名义相。
一切所思都是心，
应当断除心所思。
一切放置仅文句，
应破仅执文句相。
所谓抛弃也是由于心，
心之所思应藏于本性中。
所谓藏匿即是善觉，
无有善恶正是自在。
无有隐秘是极显明，
无有来去是自分明，
无有取舍是正舒适，
无有偏执是正平等，
无有擒纵是正旋集，
无有明暗是正明朗，
无有忘逸是正努力，
无有置放是正自在。

当观自心之外无外境，
当观名义之外无实义，
当观善恶无别同一境，
当观内外无别同一心，
当观阴阳无别同一心，
当观脱离持常持断意，
所谓意者在心外，
心外之境勿追随，
当观心与名义相离境。
应通过观察无有所见境，
达到弃置不观见法性，
舍置不为成就心性，
不持不放自然得解脱。
对于见到此义的众生，
轮回与出世我未见差别，
福祸二者我并未见差别，
美恶二者我并未见差别，
常暂二者我并未见差别，
阴阳二者我并未见差别，
苦乐二者我并未见差别，
是非二者我并未见差别，
远近二者我并未见差别，
高下二者我并未见差别，
明暗二者我并未见差别，
由于这些无见境性中，
所有的显现乃自性，

各种违缘障碍皆断除，
各种偏执皆断除，
各种取舍皆断除，
断离各种偏执即是法身，
无有尘障显明即是报身，
能离各种取舍即是化身。
没有凡俗理解即是法身，
若有欲想追求即是凡俗。
远离欲想即是自性，
解脱二执即悟实性，
无所取舍即获成就，
利益众生则功业圆满，
心若持定则获去处，
若无去处即是乱语。
对于悟得此理的众生，
一切所见皆自见，
一切所知皆自知，
一切解脱皆自解，
一切所明皆自明，
一切空性皆自空，
一切所住皆自住，
一切所在皆自在，
一切安乐皆自安，
一切痛苦皆自苦。
一切俱为自现自证，
无所修习亦无思虑，

无所凝滞亦无散乱，
无所安置亦无放舍，
无所遗忘亦无失误。
彼处智慧永无断绝，
如入禅定无有界限，
如有目标无有持放，
如有寻思无有美恶。
心与境无内外之别，
实与虚无内外之别，
断除欲念疑惑离过失，
无所想望亦无所追求，
无须争竞诸过自然消失。

并无希求证果，乃是佛之密意，思虑言语超越心外，乃是离言语之相，如此获得自在者，自得传承，从内部获得解脱，破除能所取相，凡有所现，俱由教传中知悉，凡有所行，皆符合法行，见闻及于三身，智慧由内显发，烦恼自然清净，敬信自然生起，轮回涅槃之根本自然通晓，苦乐自然明晰，我执解于法身。已见根本者即无见地，已决断者即无修习，已达悉地者即无修习，了达自心者此外别无佛陀，智慧自然涌现，顿然无忘而住，诸事自然解脱障碍，诸受归于洁净，诸识归于纯真，法身无挂而见解脱，灵知独照无二之身，唯存大自现之境，因其自出，故为自然成就，因其自明，故为澈明，因其自现，故生光明，因其自证，故成法身，因其自解，故无遮隐。这又比如，自己若不造作，他人能造作吗？自己心中没有，于他处能够显示吗？自己若不明，能调伏有情众生吗？不集不分，能握到手中吗？不能显示之物，眼睛能够看见吗？自身已经有了，还需寻求吗？已经得到解脱，还需要破除吗？已经干净，还需要洗涤吗？已经喝足，还需要再喝吗？已经吃饱，还需要再吃吗？已经温暖，还需要烤火吗？已经知晓，还需要悟吗？这样心离因缘，即离勤修之心，于非实有处，还须造作吗？既未闻不空相，常断之相自然清净。既自行脱除二执，疑惑观望之界顿除。既内息贪执，即自获无生。既自内见无念，即能自行调伏魔障。若如此，方可称得上智慧无敌。自显智慧之行，方可称得上存无所分别之义；断除取舍，方可称得上内现智慧；贪欲自熄，方可称得上是非不存于心；破除阻碍，方可称得上认识勤进；法性自彰，方可称得上无生自成正果自现。只有这样，才能懂得解会与证悟同时，潮湿与浸润同时。懂得了此理的凡人，在见地方面没有偏执，包含天空，在定的方面没有显幽，如同背负太阳，在行的方面没有阻碍，如同乘上长风，在果的方面没有取舍，如同看见黄金岛。如此了悟的瑜伽，于见有见乎？于定有定乎？于行有行乎？于果有果乎？这样达到智慧本源，自行解脱见本相，断除内外执着，抛弃美恶取舍，去除贪恋执着，破除骄傲之心，去掉争竞嫉妒，平息瞪怒之火，驱除无明之暗，在无黏滞之中不散而住，二执之念得融入虚空，于事无修而住于自地。像这样的凡人：

若修行生起次第即可成本尊神，
若思念圆满次第即破能取所取相，
若想结合修习即可观空中彩虹，
若想见解本义则不须观修俗法，
若是未有见地当依上师口授，
若修法行需要破除自己的贪恋，
若想无畏兵器应使三门变为天神，
若想利他需发利益众生之愿，
若想利益自身抛弃喧杂散乱，

若想调伏魔碍应生无根慈悲，

若想后世善果今生应修苦行，

若想摄伏众生爱他人甚于爱自己，

若生懈怠应当观修生死无常，

若生贪恋应当观修世间如梦幻，

若被魔障所缠应持定自心，

若要依法修行应弃一切非法行。

与我相伴者唯有以上密意，

虽遇他佛亦无超越此者。

护法国王这样将密意明白说出，即于此时，王孙及所有臣民都在自现自解大法性洲，未用勤苦就获得正解。也就是在这时，对苦乐无取舍，对轮回出世无美恶，对今生来世无拣择，对诸圣之面也再无将见所见之别，犹如凡人观看凡人。于是众人对智慧自现自解之意，无有将立所立之区别。于是王孙及众大臣都立生信仰，奉献内外盛大供养，使国王喜悦，报答大恩。

此后，国王入于默想，未发言语。片刻之后，眼睛望着天空而发话：

奇怪呀！大王孙请你静听：

到这一个劫的末期，

我的惹萨城所在的地方，

因水的冲击将经历多次变迁，

先后变为鱼、蛙、蝌蚪、猴子形。

像鱼之时是具有佛母之本性，

鱼鳞形状就像十方诸佛本身，

在鱼口之处有诸佛存在，

诸佛在那里互相顶礼侍奉。
到此处就与接触佛母一样，
这是前世修习所获得，
能够脱离六道轮回的痛苦。
通晓大义而勤奋的臣民们，
可用石块泥土鹅卵石等，
在这地方堆聚成石堆，
就能对诸佛正觉有利益，
这也是进入安乐的正道。
我的学者们在供奉之时，
在像鱼的时期戴着双翅，
在像蛙的时期戴着帽子，
在像蝌蚪时期铺着地毯，
在像猴子时期变成身形，
陈列上盛大的供养物品，
恭敬祈愿心中十分喜悦，
在这供养之后的刹那间，
内供诸神能使外面堤坝受益，
维护堤坝能使里面众神欢喜。
若是陈列供养而且祈求，
蕃土臣民心愿都能够满足。
劫末时期的苦难虽多，
只要见、闻、触、念我的惹萨[1]，
众生多半能够脱离轮回。
这也是众位菩萨的慈悲，
我的蕃土臣民们的福分。

因此，皈依我的男女人等，

不要减少勤奋，要振作精神，

要见、闻、触、念我的惹萨城，

这也是获得解脱的正道。

若要清除所有过失，

若想积累任何一种功德，

应当自觉服事我的惹萨城，

所有愿望都能如意实现，

凡有愿望都应向诸佛祈求。

国王又向王孙训示说：“大王孙，今后某个时候惹萨将有水患，需要设法救护。修护所需的资金，可将金银等财宝秘密埋藏。”于是王孙盘算服事惹萨神殿的办法，就在此时将许多金银财宝密藏在罗刹殿古贝拉神像的右膝的罗裙下，并祈愿将来付与有业缘之人，这是为了利益西南方向的众生，也是松赞干布王所开示的隐秘。

法王松赞干布执掌国政七十年，统治国家，使佛教如太阳升起，各种妙欲受用如雨降临，蕃土臣民俱享安乐。当铁阳狗年八月初十日享寿八十二岁之时，化身王松赞干布在幻显神殿的北护法殿内的圣观世音菩萨像前，他的右面是尼泊尔妃，左面是汉妃，身后是孟萨赤姜妃，膝前是王孙孟松孟赞，前面有大臣吞米及噶尔二人。大臣尚伦拉钦波及韦将贝吉勒桑二人守护神殿大门。国王在本尊神像前用各种供品奉献供养，并且祈愿。

此后，国王对王孙训示说：善男子，我使国法变为教律，使佛教弘扬，使蕃土臣民得享安乐。你应当按教法护持，勿使我之国政衰败。我的两座神殿你应当好好服事，使其兴盛。我的宫室犹如天神宫殿，你应当好好守护，对我的后妃臣民都应当像对父母一样眷顾照应，使利益安乐遍布各处。

从我下传到第五代时，
将有文殊菩萨的化身，
名叫“德”的国王出世，
他能使佛教得到弘扬。
由他下传两代之时，
将有金刚手菩萨的化身，
名叫“赤”的国王出世，
他也能使佛教弘扬。
此后将有魔鬼的化身，
名叫牲畜之名的国王，
(原注：指朗达玛王)
他的心被魔鬼占据，
破坏神殿毁灭佛法，
三藏法师被他杀害，
信教之人也受诛戮，
经典论著都遭火焚。
这个搅乱佛法的恶棍，
还将上师降为奴仆，
迫使僧众脱离佛法，
强逼高僧去当屠户。
佛陀的袈裟被抛入水中，
佛像法器被石头砸碎，
佛教之名也无遗存。
此后在叶尔巴的岩洞中，

有金刚手菩萨的化身，
名字叫“贝”的一位比丘，
解除了这个罪王的恶业。
此后的八个周年[2]当中，
蕃地没有佛教的教法。
呜呼！有情众生实在可怜，
即使是我的本尊神像，
也将在这神殿中间埋藏。
以后到了五百年期的末尾，
正觉佛教的残余火星，
又将在多康地区燃起，
对有雪蕃土的有情众生，
就像油灯燃尽又放光明，
佛教再度得到弘扬。
信徒能够朝拜供献，
能够磕头和绕行寺院，
出家的僧众也会增多，
佛教教法大为弘扬。

这样说完，国王即入于弥勒禅定之中。这里都是简略述及国王为预言未来所说的话，阿底峡大师掘出的伏藏《大王柱记》中有详细记载。

片刻之后，国王又说：“我的内外大臣及蕃土民众，将来要是有人口称我要见松赞干布王而前来见我，可以在圣观世音菩萨像前祈请发愿，就与见到我一样。”尼泊尔王妃赤尊，也回头说道：“各位亲近的蕃土民众中要是有人说我想见尼泊尔妃赤尊而前来见我，可向忿怒度母像祈请发愿，就与见到我一样。”汉妃公主也回头说道：“那些怀念和喜爱我的蕃土民众中要是有人说我要见汉妃公主而前来见我，可向尊胜度母像祈请发愿。就与见到我一样。”这时大臣噶尔问道：“大王这样训示，那么父王母后三人将到何处去？”国王说：“我三人并不远行。”说完国王起立，用右手触尼泊尔妃赤尊，赤尊就化为白莲花，融入国王的右肩，用左手触汉妃公主，公主就化为青莲花，融入国王的左肩中。然后同王到自现十一面观音像前，赞颂圣观世音菩萨说：

千种法身汇聚的本性，
为利益众生建造此像，
四张平和面与七张忿怒面，
向十一面尊神像顶礼！
底层是三张平和面，
欢悦微笑又那么美丽，
能够平息造业和烦恼，
我在法身像面前顶礼。
它上面的黄色纯金面，
三张威猛脸面含笑容，
能够增长寿命福德和享受，
我在你的面前虔诚顶礼。
它上面两张珊瑚色脸，
脸色赤红能做自在功业，
张牙露齿现示忿怒相，
我在报身像前虔诚顶礼。
它上面两张烟云色脸，
能做镇伏恶魔之功业，
威猛可怖睁着三只眼，

我在化身像前虔诚顶礼。
它上面是上师的变化身，
摄集诸佛是黄丹颜色，
还有无量光佛住顶上，
我向顶髻佛像虔诚顶礼。
十个指头犹如莲叶张开，
双手在胸前合掌安放，
能将诸佛慈悲赐给世人，
我在这佛像前虔诚顶礼。
右面四只手里依次拿着的，
是念珠、法轮和供施，
再加三世如来无量光佛像，
我在这微妙握持前致礼。
左面四只手里依次拿着的，
是白莲和珍贵的净瓶，
再加便慧双运的弓与箭，
我在这微妙握持前致礼。
右方后面的十九只手中，
拿着珍宝、丝绳、宝钵、刀、
金刚、火珠、水珠、弓、柳枝，
我在这微妙握持前致礼，
还有拂尘、宝盾与净瓶，
再加宝钺、念珠、青莲花、
净瓶、太阳、白莲和谷穗，
我在这微妙握持前致礼。
左方前面的十九只手中，

拿着白云、净瓶、莲花、刀、
海螺、念珠、骷髅、铃、金刚，
我在这微妙握持前致礼。
还有铁钩、锡杖、化身佛，
再加神殿、经卷与法轮，
佛像、果品、莲花蕊、珍宝，
我在这微妙握持前致礼。
法身像有根本十只手，
报身像有分支三十八只手，
我向你这天空之王顶礼。
犹如莲花花瓣的手掌中，
各有青莲一般的眼睛，
就像星辰一样点点发光，
我向你这天界之王顶礼。
头顶装饰有佛陀的顶髻，
手足上金钏发出叮当响声，
身体具有芬芳的香味，
我向你这天界之王顶礼。
身上穿着绫罗制的袈裟，
还有无数珍宝作为装饰，
使人百看不厌的美妙身像，
我向你这天界之王顶礼。
身披兽皮掩盖住乳房，
脚上有四种蛇作为装饰，
相貌端庄散射光芒的身像，
我向你这天界之王顶礼。

脸庞如同雪山一样美丽，
脸色略现红润又有光泽，
放射着慈悲白光的身像，
我向你这天界之王顶礼。
带着珍贵顶髻的如来尊者，
两只脚美妙地端然站立，
昂然踏在莲台上的身像，
我向你这天界之王顶礼。
你这三世诸佛的密意，
化现而成的珍贵身像，
你具有善巧智慧和慈悲，
恳请您眷顾有情众生。
你是世间众生的依怙，
备受各种苦难煎熬的，
灾难深重的有情众生，
恳请你用慈悲来照护。
愚昧错乱的有情众生，
因为造下恶业在食恶果，
不幸堕落三恶趣的众生，
请你用慈悲铁钩来拯救。

这样说毕，国王除去头巾，用头触抵本尊神像的心间，并祈请说：“圣者，请垂视漂流三界轮回之苦恼众生。”在这悲泪涕泣、猛力祈祷的时候，由于诚信之力使国王化为光明融入自现十一面身像的胸中(原注：“圣者像胸前本为双手合掌，自此时起才双手分开。”)，这一情形虽然被众人清楚看见，但是他们无计可施，只能彼此面面相觑，惶然相视而已。

此时，孟萨赤姜妃祈求说：“父王母后三人这样逝去，我们怎么办？今后依赖谁的慈悲照顾？”国王从十一面身像的心间伸出头来，说道：“你们静听！第一，生必有死；第二，因缘和合的事物都是无常的；第三，人寿如此短暂，犹如草上的露水，应当懂得今世一切享用，如睡梦一样虚幻。”尼泊尔妃赤尊也由神像右乳房上面伸出头来说：“第一，寿命无定，就如天空中的彩虹；第二，声音无定，犹如天空中的雷鸣；第三，色身无定，就如暮春的鲜花。应当懂得今生的作为就如镜中的影像。”汉妃公主从神像左乳房上面伸出头来说：“第一，身体无常，犹如老树朽根；第二，寿命无常，犹如空中云电；第三，财富无常，犹如蜜蜂所酿之蜜。应当懂得今生的作为，犹如水中的泡沫。”说完后就不再显现。这时两位大臣也祈请说：“大王如此逝去，我等内外大臣庶民等该怎么办，愿大王慈悲教示。”国王又伸出头来说道：

我的臣民们请好好听取，
寿命无常如同草上露珠，
想到这不应当产生懒惰。
死神犹如悬崖流水顷刻就到，
因此不应以为时间有闲暇。
幻化的凡身犹如暮春花朵，
花儿不知何时就被霜打落。
应抛弃今生事业修习佛法，
想到生死无常就会生勤奋。
我与你们并未分离常相伴。

语毕，法王就不再显观。此时众人都面面相觑，说：“父王母后三人都是神佛化身，可惜他们在世时，我们对他们敬奉太薄了。”这时尚论拉钦波与韦江贝吉勒桑二人前来，问道：“父王母后三人往何处去了？”询问三次众人皆回答说：“父王母后三人如此这般融入本尊神像中。”但他们二人都不相信，于是众人不知如何对答，茫然相顾无语。他们二人不由大怒，追问道：“父王母后究竟到哪里去了？”问了三次都无人回答。二人就拔出剑来对吞米和噶尔说道：“宰掉你们这两个恶徒。”这时孟妃说：“父王母后三人都是神佛变化之身，他们三人融入自现十一面神像的心间了！”说完大哭起来。他们二人仍不相信，又问王孙，王孙详细告诉道：“初时法王开示甚多教诲，此后，母后二人融入祖父身中，最后祖父融入本尊神像心间。”此时他们二人才相信。大臣吞米又将法王乃是化身的缘由，在昌珠曾向托钵僧示现阿弥陀佛像，曾向于阗二比丘示现阿弥陀佛之像，大昭寺开光时因法王的祈请，一时诸佛菩萨都显现在空中等情况详细讲述一遍。于是众人都相信法王实在是圣者观世音菩萨，说：“父王母后三人在世时，我等敬信太薄了。”众人都口中说道：“法王是神佛变化之身啊！”都悲痛得扑倒在地。此时诸天降下花雨，大地呈现六种震动。这时由自现十一面神像的心间放射出八道各色光明，一道入于不动金刚佛像心间（原注：铜像），一道入于弥勒法轮像心间（原注：铜像），一道入于无量光佛像心间，一道入于不动如来佛像心间，一道入于忿怒明王像心间，一道入于药师佛像心间（原注：在下殿东南角，画像），一道入于白马头明王像心间（原注：画像，在中殿），一道入于尊胜度母像心间（原注：画像，在中殿），这是被光明所照射的八尊佛像。又由这些佛像的心间放射光明，遍照殿内一切神像，成为光网，互相联络，这乃是自然成就显幻神殿的秘密开光。于是，在此处的王孙、王妃及诸大臣都平息了悲痛之苦，入于无漏安乐之地。

此后，众位大臣聚集商议说：王子贡日贡赞死于父王之前，王孙尚年幼，应为法王建造陵墓。于是，将父王母后三人融入自现十一面神像心间的情状隐匿不宣，而通告四方说：“法王薨于盆域的色莫冈地方。”

并在雅隆的琼波地方[3]为父王母后三人修建了宏大无比的陵墓。

赞曰：

神佛化身的大法王，

在位执政七十年，

修建神殿使得佛法弘扬，

服事三宝使政令合于教法。

他享年八十又二载，

为使懒惰之人生勤奋，

为使散漫众生入圣教，

为使执常见者生悔悟，

在这显幻神殿的北护法殿，

父王母后三人化为光明，

融入本尊神像之心间。

由神佛化现为人利益众生，

你与观音菩萨毫无差别，

你有引导罪者入教的慈悲，

你是无数众生的唯一依怙，

众人皈依你这化身的法王，

获得圣者观世音的护佑。

法王的陵墓建在琼波地方，

大小之量正好是一个由旬。

形状正方中间如同网格，

用绢、纸焚灰再调和泥土，

为大法王修造了塑像。

奏起鼓乐将像载在马车上，

送入陵墓之中巧安置。

陵内的网格填满珍宝，
陵墓造得华美有声名。
传说墓中有五座神殿，
因此使得陵墓成方形，
起名叫作古日木波陵。
十方诸佛和声闻部众，
还有菩萨、各位护法神，
曾经降临陵墓上，
为它吉祥开光做佛事。
王孙孟松孟赞等亲属，
还有各位大臣及百姓，
携带难以估量的供品，
到此墓前奉献并顶礼。
这座无与伦比之陵墓，
交付给此方的守护神，
祝愿已毕各自返家园，
利乐光明将十方都照遍。

父王母后功业圆满融入自观十一面观音像之心间之第十七章完。

注释：

[1] 惹萨：意为羊土，即羊土幻显神殿（大昭寺），唐代称拉萨地方为逻些，即源于此。大约在佛教兴盛之后以惹萨一名不雅，故改名为拉萨，意为“神的土地”。

[2] 周年：指十二地支轮一周，即十二年，八个周年即九十六年。

[3] 松赞干布陵墓在西藏山南的琼结县，其地为雅隆河谷地带。

第十八章　王孙孟松孟赞

王孙孟松孟赞，十三岁时掌理国政，娶王妃名叫没庐妃赤玛类，治理天下。此时汉地皇帝知松赞干布王去世，想起大臣噶尔使汉地衰损的仇怨，派遣汉军五十万进攻蕃地，扬言将迎回觉卧佛像等，众人惶恐，将觉卧佛像由小昭寺迎请到大昭寺的明镜门内，将门泥封，并在外造一文殊像。此王在位一十五年，二十七岁时薨于后藏的巴朗冈。

孟松陵墓在松赞干布的左方，
陵内充满了奇珍和异宝，
陵墓叫作俄西塞波陵。

第十九章　都松莽布支

孟松孟赞的儿子都松莽布支[1]，亦称陇朗楚吉嘉布，于其父死后七天的水阳鼠年生于扎浦地方，以大臣噶尔的儿子尊业多布及达扎孔洛二人为大臣治理国政，迎娶琛妃赞莫多为王妃。此王之时，有武艺高强的大臣七人：鄂任那波能举大象，鄂林康能举七岁大牦牛，嫩坚赞能用月牙箭射断鹰腰，韦冬恭之箭能射到三倍于目力所及的地方，桂雅穷能将满盛沙子的鹿皮口袋举起绕头旋舞，交绕仲西能拉回奔跑下山的野牛，嫩赤顿玉敬能提回跳崖的奔马。此时，邦国富强，可与天界相比，武力雄强，战胜四境。在拉萨大昭寺为先祖松赞干布创设忌辰之祭，四周边地之王都被征服，强盛超过先前蕃地诸王。他在位二十九年薨于云南。

赤都松之陵在孟松左方，
起名为拉日巾陵墓，
是由胡人百姓所建造，
据说又名僧格则巴陵。

注释：

[1] 都松莽布支：藏文史料亦作赤都松，汉文作器弩悉弄、乞黎弩悉笼、乞梨弩悉笼。关于都松莽布支的生卒年代，本书记载生于水阳鼠年，在位二十九年，死于云南。根据《敦煌本吐蕃历史文书》编年史记载，生于丙子（676年），卒于甲辰（704年）。说明所记都松莽布支的生卒年代基本准确。但鼠年不是水阳鼠年，应是火阳鼠年。

第二十章　赤德祖丹墨阿葱

都松莽布支王的儿子名叫赤德祖丹墨阿葱，铁阳龙年生于丹噶宫，十岁时继承王位，由大臣尚东赞及琛甲徐丁、没庐穷桑俄三人为相，统理国政，迎娶南诏妃赤尊为王妃。此王在青浦获得写有先祖松赞干布遗命的铜牌，见上面写着：自我下传五代时，有个名叫赤与德的王者之时，佛教弘扬，有众多班智达前来弘传佛教教法。国王心想："这是指我而言。"于是派遣甄卡牟烈雪喀与涅叶朗古玛葸二人为使者，到冈底斯雪山迎请班智达桑吉桑瓦与桑吉喜瓦二人，未能请来。二位使者将大乘经典五部熟记而返，写成经典五部。为放置五部经典建立了五座寺庙，这五座寺庙为扎玛噶日、喀切郑桑、拉萨卡孔、青浦朗热、孟功。并从汉地京师取得《金光明经》《分别业缘律经》，加以翻译。贝孜尊扎室利还翻译了许多医书。由于这诸种功德，王妃赤尊生下一个太子，名绛察拉本。太子容颜妙好，身如天神，在蕃地未找到合适的配偶，所以仿效先祖松赞干布故事，遣使纳聘于唐，欲娶唐帝中宗之女金城公主。蕃地使臣将觐仪聘礼献上后，唐主询问公主是否愿往。公主有一个能显示吉凶的宝镜，她诵咒之后拂拭镜面观看，知道今生姻缘乃在蕃土，又见王子容颜妙好，所以回答愿意前往。于是皇帝赐给无量嫁妆，皇帝与诸臣因为眷恋公主，送行到城垣巍峨的始平县，并设置大帐幕，宴请蕃地使臣。皇帝流着眼泪训示公主，给她许多教诲，并赦免此城的罪犯，免除当地一年的兵差赋税，并改此县名为金城县[1]。又派遣大臣二人领兵护送往蕃地。当他们行至汉藏交界之处时，蕃国诸臣邀请王子，众人在夜月下赛马，王子也参加赛马，不幸坠马身死。这样，在公主将到之时，王子身死，众人皆感悲痛。绛察拉本之陵墓建在其祖父之墓前，墓内为圆形，传闻其中也藏有珍宝。

这时公主上下人等已到汉藏交界处，公主忽然感到利箭穿心般的剧痛，立即拂镜观之，见镜中已无先前的英俊王子，只有一个满面胡须的丑陋老头，心中极为悲伤，于是作词说道：

观此镜中之征兆，
使我心痛如刀割。
欲返故乡路途遥，
又失父兄之怜爱。
欲往蕃地山崖裂，
蕃地大臣实凶恶。
漂泊流落陌生地，
业缘宝镜实欺我。

说毕，公主将镜打碎，抱头痛哭。

此后，藏王派遣使臣送信给公主主仆说：“公主，我那配得上给你当丈夫的犹如天神的王子不幸身死，如今你是返回故土呢？还是来看视我？”公主答书说：“女子事一夫家。不论苦乐，我都应当到蕃地。”于是到绕木切小昭寺，见觉卧佛像不在寺中，又到幻显神殿，察知觉卧像在明镜南门内，乃开门取出放置在护法殿中央，并建立拜谒佛像之供养。觉卧佛像三代中置于暗室，到汉妃公主之时始献供养。其后又到青浦，被迎立为父王之王妃。过了一年，怀了一个王子。此时有一长妃名叫那囊妃细顿，心生嫉妒，伪称也身怀王裔太子。汉妃公主于铁阳马年在扎玛生下王子赤松德赞，那囊妃来到汉妃公主身前，伪装亲热，夺去公主的儿子，并撒赖说：“这个王子是我所生。”汉妃公主示以乳房，悲痛号泣，她仍不归还。公主告诉诸位大臣启奏藏王。那囊妃也敷药在自己的乳房上，因而有乳汁流出，让众大臣看，诸大臣疑惑而不能辨别。于是，汉妃的王子被长妃夺去，势力又敌不过，无可奈何。汉妃想到：自己的这个儿子也不能有益于我，我应当使蕃人受灾难损害。于是，她观察山形，为了断绝藏王的后嗣，在如狮子腾空之形的藏王的神山头上，用胎血画轮形建塔镇压。为使蕃地有才智的大臣不再生出，以铁水截断大臣神山的山梁，并将虎山与狮山相连的山尾也截断。为了使蕃地遭受饥馑，将形如禾苗的雅隆麦拉山山脉截断。为了使蕃地疯病流行，将盂地方形如大鹏飞翔的山山嘴截断。

这样做毕，正值王子周岁。在举行王子周岁喜宴之时，召请了二妃的亲属汉人及那囊人等。于是汉人与那囊人等两位王妃的亲属来到蕃地。那囊家的人带了许多小儿喜爱之物如衣饰、花朵而来。藏王在宫中的黄金宝座上，那囊家的人在右面，汉人在左面。于是藏王给王子打扮好，将满盛米酒的金杯交到王子手中，父王说：

两位母亲都说生了你这儿子，
你身体幼小但聪慧如同天神，
这只盛满美酒的酒杯，
愿儿敬献给你的亲舅，
以此辨认谁是你的亲生母亲。

如此说罢，又念诵了咒语，放开刚刚能行走的王子。王子踉跄举步而行，虽然那囊家的人用衣服、花朵等招引，王子还是不去他们那里，而到汉人面前，将金杯交给汉人，并且说道：

我赤松德赞是汉人的外甥，
那囊家岂能是我的阿舅家。

说毕投入汉人阿舅的怀中。此时汉妃公主心中好生欢喜，说道：

由于前世注定的业缘，
我从汉地来到了此处，
生下一个无比的王子，
却遇古今未见的奇事，
亲生儿子被他人夺去，
真实话语却无人听信，
以乳房为证仍不放还。
我的心身犹如被火焚，
心中愤怒真难以忍受，
察看地形使风水败坏。
不想今日太阳又升起，

我儿年幼竟能识亲舅，
做娘的身心顿时安定，
败坏的地形及时修复。

于是，众人确知王子为汉妃之子，盛宴庆贺。王子五岁时母后逝世。父王墨阿葱六十三岁时薨于雅卓巴曹城。

他的陵墓建在穆若山，
建在赤都松陵的左面，
陵墓名叫拉日朱朗陵。

注释：

[1] 《旧唐书·吐蕃传》说：“其月，帝幸始平县以送公主，设帐殿于百顷泊侧，引王公宰相及吐蕃使入宴。中坐酒阑，命吐蕃使进前，谕以公主孩幼，割慈远嫁之旨。上悲泣歔欷之。因命从臣赋诗饯别，曲赦始平县大辟罪已下，百姓给复一年，改始平县为金城县，又改其地为凤池乡怆别里。”

第二十一章　法王赤松德赞

法王赤松德赞[1]八岁时继位，治理天下。此王未成年时，马尚仲巴杰等不喜佛法的大臣，制定禁止修习佛教之法律，打算将大昭寺的觉卧佛像送回汉地，只因一千人也不能拉动，才将佛像弃置在喀扎地方泥土中，诸位不喜佛法的大臣，或者疯狂而死，或者背裂而死（原注："在喀纳东。"）。饥馑、瘟疫及许多不祥之兆出现，诸占星者都说这是因为将汉地佛像置于地下的缘故，应当取出来。才将佛像由地下取出。后又想送往印度，用两头骡子驮载，走到孟地时听说道路不通，于是将觉卧佛像留在孟地（原注："雅隆觉卧所编王统记及其他记载皆如此云。"），将不动金刚像送往汉地时，走到东方多莫塘，停留了七天（原注："似因知道这不是汉地的觉卧佛像而停置。”)，因而称其地为俄加塘(原注：“在曲隆达。”)。后来又把它移到小昭寺。国王虽喜爱佛法，但是大臣玛尚仲巴杰与达扎路恭等人势大，其余人不能对抗。到国王成年时，君臣同心信奉佛法，用计策诱骗，将玛尚仲巴杰活埋在堆垅章浦，将达扎路恭流放到北方，下令所有臣民都可以学习佛法[2]。先是用鼓乐车辆从盂地迎回觉卧释迦像，安置于大昭寺护法殿的中央。此时有克什米尔人吉桑之子名叫阿南达的，在大昭寺与小昭寺之间的绸布市场上做买卖，召请他为翻译，让佛教徒与本教徒辩论，因本教教理低劣，就将本教经籍或者埋藏在扎玛等地，或者抛入水中，仅仅使它一时不得成为妨害佛教的障碍而已。

此后，国王与众大臣商议，因以往在夏绒卡雪佛塔前有三个小儿发愿，依照誓愿的法力，派遣巴塞囊前往印度迎请堪布菩提萨埵[3]。巴塞囊迎请堪布行抵王宫时，国王没有来得及束腰带就手持金沙一升来迎接堪布。堪布说：“大王，你头上扎了头巾，因而在上部阿里地方能建立像帽子大的数律；你脚上穿着靴子，因而在下部多康地方能建立像靴子大的教律；你腰间未束腰带，因而中部地方的教法有很快毁灭的危险，但是你能以宝物进献，佛法还是可以传播于此地。”于是克什米尔人阿南达担任翻译，由堪布为国王及众臣民说法，但是此事引起外道恶鬼魔怪的不满，因而有雷击、歉收、瘟疫等祸难发生，为了制服这些恶鬼魔怪，又从乌仗那迎请莲花生[4]大师到蕃地，降服蕃地魔怪，使国王大臣信奉佛法无有障碍。莲花生大师将持明寿水进献国王，不喜佛法的大臣们对国王说：“这是‘门’地方的使人疯狂的毒水，大王不要喝它。”使得国王也心中疑惑而未饮下。大师为了使疯癞之病不发生，降伏龙王麦卓日青，并以金刚杵镇压，麦卓日青变化为一个童子，与国王结交朋友，答应送给国王所想得到的悉地，于是国王为龙王求情，接受其誓愿。大师又想将昂雪地方的沙滩变成草地，凶恶大臣们又奏请国王说：“大师仅仅是幻术，不能久长，此事不可做。”所以国王未答应大师。此外（原注：“因大师曾接受国王的妃子喀青妃错嘉，作为灌顶的供养，所以大臣都不悦，谮毁大师于国王。国王就不听大师之言，生出三大过失等。”）大臣们又以大师法力广大必坏国政，故请大师返回故土（原注：《桑耶记》[5]说：“大师将要返回乌仗那时，国王又和他商量，请他暂住于扎日等地，在清除玛尚仲巴杰以后，据说大师又返回桑耶。”）。此后国王召集臣民，因以前蕃地未有出家之例，今为观察蕃地有无能够出家者，派遣大臣与民众的七个聪明智慧的孩子，跟随菩提萨埵出家。这七人分别是巴桑希之子惹达、琛阿努之子释迦扎哇、巴郭惹达之子毕若扎拉、恩兰嘉瓦却央、马阿扎雅仁青却、昆鲁意旺波松(原注：“有一史书中说昆鲁意旺波松不在七试人之内。”)、藏勒珠。因七人首批出家，故称“七试人”。其后有王妃及诸臣民之子弟三百余人出家。派遣其中聪慧者去印度，学习声明及翻译。

此后，国王想要修一座福德无量的不变自成神殿，与大臣桂氏等信奉佛教的大臣商议说：“若不指给艰巨的工程，百姓连容易的也不愿完成。”于是，国王召集属下大臣和蕃地民众，训示说：“蕃地先前诸位国王中，我的权势为最大，应当建立一件功绩遗留给后世。是修建一座与东山一样高的水晶塔呢？还是修一个能望见舅氏汉地的城堡呢？或者是用铜包裹黑波山呢？或者是在噶居塘挖一个深九百九十庹深的井呢？或者是用金沙填满瓦隆卓莫沟呢？或者把雅鲁藏布江水引入到水洞中去呢？或者修建仅一升之量的三宝所依的神殿呢？你们可以选择其中一件。”众人听到国王这话，都像黄金巨石压在心上，沉重无比，不知如何答对，默然相视。此时大臣桂氏与尚年桑，涅达赞东色等信奉佛教的大臣起立说：“主上，与东山等高的水晶塔一辈子也不能建成，能望见汉地的城堡断难成就，把所有大王管辖的地方的铜收集起来也不够包裹黑波山，瓦隆卓莫沟就是用砂石也难填满，更何况用金沙，一百庹深的井也不能挖成，更何况挖九百庹深，雅鲁藏布江水纵使冬季能引入水洞中，夏季则绝不能引入。故此请修建一座大王的本尊、蕃地民众的皈依处，一切利乐之源泉的一升之量的神殿。”这样回答以后，众人都齐声说道：“这样最好。”

此后，国王又问道：“大师，我的父母二人，现今在何处？”大师预言说：“大王，你的父王转生为印度的一个大班智达，应当在大王的孙子时前来蕃地（原注：‘此预言指班智达达那西拉。’），你的母亲转生为松卡地方一对贫穷夫妇之女。其家族姓名如此……”此时国王娶有王妃五人，为蔡绷妃梅朵珍、喀青妃错嘉（原注：“此妃献给大师作为授灌顶的供养”）、没庐妃绛曲珍、琛妃拉姆赞等，又为了报答母亲之恩，迎娶这贫穷夫妇之女，称为波雍妃嘉莫尊[6]（原注：“有一史书中说：国王母亲转生之女，在盆域的素尔曲地方寻得，无论如何，为波雍妃则是一致的。”）。

于是大师为国王勘察修建神殿的地址，说道：“东山如同君王坐在宝垫上，此佳；小山如同母鸡用翅膀保护小鸡，此佳；药王山如珍宝堆积，此佳；黑波山如王妃身穿白绸，此佳；那波山如铁橛钉地，此佳；麦耶山如骡子饮水，此佳；德尔塘如张开白绫帐幔，此佳；地基如金盘满盛红花，此佳；大王的本尊神像应当建在此地。”说完之后，又绘制成图样。此后大师降服此地的凶恶鬼魔，清除各种违碍，选择种族高贵、父母六根俱全的男女童子五十人，佩戴各种华美装饰，手拿满盛吉祥水的宝瓶，安下桩子并加持地基。然后国王向大臣和民众等人分派劳务，寺院中央部分取山王须弥山的形状，当这大屋顶神殿地基将近完成时，按照尊胜度母的教诫，先修造一座阿扎耶巴洛殿，其中的主尊为圣观世音菩萨，其右方为度母，左方为具光母，再右为六字大明咒，再左方为马头明王，共计主从五尊，它的上面再修造无量光佛主从五尊。此时大师传授给国王修习马头明王之法，国王修习此法时，发出马鸣之声三次，南瞻部洲三分之二的地方都听到了，据说因此国王能够统治南瞻部洲三分之二的地方。此后，于兔年建大屋顶神殿的下殿，其中主尊为从黑波山迎来的自现宝泥所包裹的释迦牟尼石像，相好端严。右方为弥勒、观音、地藏王、喜吉祥、三界尊胜忿怒明王等，左方为普贤、金刚手、文殊、除障、无垢居士、不动忿怒等，主从十三尊佛像按蕃地式样建造。中央神殿外部有十二佛事彩绘像，殿内有宝顶经圈。前殿造有国王的本尊神像，交付给狮头空行母守护。此后兴建中层殿，其中的主尊为大日如来，右方为燃灯，左方为弥勒，前面为释迦牟尼、药师佛、无量光佛三尊，其左右两方为八大菩萨近侍弟子、无垢居士、喜吉祥菩萨、忿怒金刚，依照汉地式样建造。并绘增广般若经本事品传承，正面上绘四大天王，围廊向外为八个大塔，画佛陀涅槃图，向内为大云经图。在秘密殿中，为十方如来、阎罗地狱诸尊、桑耶诸护法塑像，交付给木鸟护法王守护。上层神殿的主尊为大日如来，每一面有两个弟子，观世音菩萨八大近侍弟子，里面的佛像有菩提萨埵金刚幢等十方诸佛、菩萨、不动忿怒明王及金刚手等，是按印度式样建造的，并绘有经藏、十悉地等图，交付给护法王桑美白洛坚守护。上面有锦绣花纹的顶盖，四个翘角处建造有欢喜如来，由菩萨弟子围绕，交付给护法兰衣金刚手守护。又修建中层围廊，其南面的龙库充满乐器，将其交付给执仗夜叉三兄弟守护，其西面有三百显密经库，其中满装藏文、印度文经籍，交付给手执三把宝剑的阿扎雅守护。北面有三座宝藏库，满装金银铜等宝物，交付给手持三根棒子的大威德守护。并画有大游戏经，其间有十万如来画像。此外又用大围廊环绕，修建大日如来救护恶趣的曼陀罗，望楼的三面修造五部像，其脸面向外，内部装饰华美，交付给妙宝护法龙王阿南达守护之。其背后立有石碑[7]，交付给护法森哈木卡守护。有诗赞云：

大屋顶殿的三门是解脱门，

六个梯子是六种波罗蜜多，
下层用石头中层用砖块，
上层的无量宫用木头建造。
一切修建都符合律藏，
一切壁画都符合经藏，
一切雕塑都符合密咒。

此后，又依照东胜身三洲的半月形状，在东面修建三座神殿，这就是：清净律藏殿，主尊为释迦牟尼主从五尊，并绘现身本生经图，交付给护法螺髻梵天守护；胜智文殊殿，塑有文殊主从七尊，并由两个畏怖金刚守门，彩绘文殊本生经及救护恶趣本生经图，交付给执轮护法阎罗守护；妙音梵天殿，塑有释迦牟尼主从七尊，并绘佛陀涅槃图，交付给护法雷电守护。又依照南瞻部三洲肩胛骨形状，在南面建造三神殿，这就是：降魔密咒殿，塑有降魔释迦主从五尊，中央绘经藏十地传承图，于围廊绘虚空藏传承图，交付给二十八位护法自在佛母守护；阿惹巴洛殿，塑有空行观音主从五尊，上方有无量光佛主从五尊，殿中高起处有藏王的银裹旃檀身像一尊，一座佛塔，并绘宝箧经图，一千零二个仙女，交付给护法大仙达玛惹扎守护；翻译经典印度殿，塑有印度式的释迦主从五尊，并绘无量寿、译师学者翻译经典的身像，交付给护法夜叉惹胡拉守护。依照西牛贺三洲的圆形，在西面修建三座神殿，这就是：勇士白扎殿，建造有红铜大日如来，随从为秘密四佛母，并绘大日如来证觉图，交付给牛头夜叉守护，具善弥勒殿，塑有弥勒依怙主从七尊，由两个畏怖金刚守门，并绘十六尊者、建筑桑耶寺、世法建立等图画，交付给护法蓝衣忿怒金刚守护；不动静虑殿，塑有五部大日如来，十六声闻，并绘金光明经的童子降水图，交付给银头护法王守护。又依照北俱卢三洲的四方形状，在北面建立三座神殿，这就是：各种宝物殿，塑有释迦牟尼主从五尊，并绘释迦牟尼主从五尊，释迦牟尼上升兜率天宫为母说法图、报恩图，交付给铁爪护法王守护；发愿菩提殿，塑有莲花佛、除障、金刚手、甘露明旋，并绘经藏三宝云经、常啼菩萨劝渡智慧彼岸图，交付给狮头空行母守护；毕噶宝库殿，塑有释迦牟尼主从九尊，并绘父子相见图，高起处存有修建桑耶寺所余资财存放地点的清册，交付给守护神昌康王守护。神殿总的护持，由大师从萨贺尔召来的诸天大德、诸魔大将、管理一切天龙八部、能夺众生气息的大命主白哈惹担任，并在白噶殿为他塑了一尊身像。

又建太阳神殿，即上亚夏妙满殿，塑有释迦牟尼主从五尊，并绘一千零二尊佛；月亮殿，即下亚夏妙宝殿，佛像绘画与上殿相同；仓孟格乌殿上方有象牙殿；清洗殿有充满旃檀之水井；图待龙殿，有一株八根枝干的有刺大树，上面有八条巨龙，中间有金刚手、寂静调伏图，绘有鱼龟水族等画。

此后又建造白色菩提佛塔，依声闻部之规则用八双狮子装饰，由苏浦贝吉僧格为工头建造，交付与护法夜叉噶达坚守护之（原注：“白色佛塔之木轴是四大天王所立，有如来佛的舍利子一盂噶达升、年波桑瓦父王的本尊神像、五部经藏等，故有大护佑力。”）。又造红色佛塔，依法轮转动规则用莲花装饰，由那囊嘉察拉隆为工头建造，交由护法萨迷玛守护。依独觉部的规则，由恩兰达扎路恭为工头建造黑色佛塔，交由护法铁嘴夜叉守护。又依照吉祥天降如来塔的规则建造青色佛塔，用十六个殿门为装饰，由琛多吉哲穹为工头建造，交付给护法四面夜叉守护之。此时，有具光女魔危害众人，大师在弥勒殿建一燃光佛塔镇压女魔，除其危害。又依金刚步行的形状建造多角围墙，建成一百零八座佛塔，每一塔中有一颗如来之舍利子。

此后，又建有王妃三座神殿，没庐妃绛曲珍建造格吉吉玛殿，塑有无量光佛主从七尊，都是铜像，右面为三界依怙，左面为药师、普贤、不动佛，王妃因自己无子，父兄远离，担心未来时神殿遭到毁损无人修复，就在砖墙中灌注铅水，用铜造顶盖，悬钟奏鸣，梁上悬挂明珠以代灯盏，挖掘水井以供净水。蔡绷妃梅朵珍生有三个儿子，即牟尼赞普、牟茹赞普、牟木赞普塞那累三人，依照其父的大屋顶神殿三部的式样，建立三界铜屋殿。波雍妃嘉莫尊建造布察金屋殿，塑造执金刚曼陀罗，她为众工匠每餐送十三种饭食，为报答此德，所作工艺有十三种殊胜：一、外无围墙，坚如金刚；二、内无支柱，美如帐幕；三、地面为黄铜所造；四及五、玉柱上有金马奔驰；六及七、金柱上有玉龙；八、顶盖可内外翻转；九、殿内诸像各有一总宝盖；十、各像有一盖；十一、殿门启闭有黄金珊瑚之声；十二及十三、所造十二佛事像为凸雕。

此吉祥不变自成桑耶寺[8]工程修建时的荐新之样是取大昭寺的木样，建立中央护法殿前的大门牌楼装饰，取大昭寺的土样建守门之四大天王像。按自兔年桑耶寺奠基至兔年全部建成，历时十二年。

于是，为神殿举行开光，聚集无数饮食受用，召集所辖全部民众，举行盛大喜庆大会。国王向莲花生大师及菩提萨埵奉献黄金。国王穿着华服美饰，来到吉祥不变自成桑耶神殿及其属殿，举行了七次极其稀有的开光仪式，并且出现化身，其形状绘在大屋顶殿门后及围廊的两门边（原注：“大遗命集中说。”）。有诗咏叹桑耶寺开光的盛况说：

在这吉祥桑耶寺，
举行开光庆典时，
在那圆湖中心处，
长出美丽莲花树。
国王坐在金座上，
五位美丽的王妃，
盛装打扮伴君王，

受王供养众译师，
满心喜悦诵经典。
各位信佛的大臣，
团团围在王左右。
治下所辖众臣民，
卫藏各部之民众，
没有不来聚会者。
各种饮食和享受，
各人意愿都满足。
欢乐舞蹈幸福歌，
逐日演唱无间歇。
宝盖经幢与旗帜，
犹如密林遮阳光，
鸟禽亦无飞翔处。
黑头庶民满天地，
铙钹鼓乐如雷震，
骏马亦无奔驰处。
衣着美丽手击鼓，
童男少女歌且舞，
又扮牛虎狮子形，
头戴面具舞吉祥，
丝竹鼓乐献王前。
如此君臣皆欢喜，
极其欢乐难自持，
跳腾如同天降雨，
心生欢悦难控制，

各人自唱欢乐歌。
如此天降人之王，
赤松德赞大法王，
御体起立离宝座，
王心欢乐歌一曲：
我之大顶三层殿，
五种珍宝所建成，
并非人造乃天成，
我之神殿极稀有，
人人见此即欢愉，
由此欢欣透于心。
仿此南瞻部洲形，
建造南面三神殿，
五种珍宝所建造，
非由人造乃天成，
我之神殿实稀有，
人人见此即欢愉，
由此欢欣透于心。
仿此西牛贺洲形，
建造西南三神殴，
五种珍宝所建成，
非由人造乃天生，
我之神殿实稀有，
人人见此即欢愉，
由此欢欣透于心。
仿此西牛贺洲形，

建造西南三神殿，
五种珍宝所建造，
非由人造乃天成，
我之神殿实稀有，
人人一见即欢愉，
由此欢欣透于心。
仿此北俱卢洲形，
建造北面三神殿，
五种珍宝所建造，
非由人建乃天成，
我之神殿实稀有，
人人一见生欢愉，
由此欢欣透于心。
我之上下亚夏殿，
我之后妃三神殿，
形如空中之日月。
犹如供奉玉坛城，
我之白色大佛塔，
犹如右旋白海螺；
我之红色大佛塔，
犹如火舌窜空中；
我之蓝色大佛塔，
犹如玉柱顶天立；
我之黑色大佛塔，
犹如铁橛钉地上；
我之佛塔极稀有，

人人一见生欢愉，
由此安乐住于心。
此等幸福欢乐歌，
曲乃三十三天造，
因仿仙乐所谱成，
故名玉殿金座歌。

天神之子牟尼赞，
唱世间灯炬歌；
天神之子牟笛赞，
唱雄狮逞威歌。
众位王妃所唱的，
唱玉湖明旋歌，
又唱翠叶柳枝歌。
众位大德也唱歌：
堪布菩提萨埵，
唱白色道珠歌；
白玛迥乃大师，
唱镇压神鬼歌；
贤者毕若扎拉，
唱悠扬声调歌；
鲁本南喀宁波，
唱大鹏翔空歌；
恩兰尊巴甲却，
唱马头长鸣歌；
贤者交绕贝桑，

唱吉祥圆满歌。
众位大臣所唱的：
大臣桂衮歌一曲，
唱忠心正直歌；
其子亚勒赤桑，
唱慧文神钥歌；
苏浦贝吉僧格，
唱金鹅玉柱歌；
将军拉桑鲁贝，
唱大小瓔珞歌；
娘桑尚波赤嘉，
唱狮子翻身歌；
贝吉年桑白勒，
唱所求八愿歌；
噶尔穹波冬楚，
唱雄鹰凌空歌；
琛吉多吉哲穹，
唱成地供奉歌；
那囊嘉察拉垅，
唱至上仙柏歌；
赤仲拉翁库曲，
唱上中下三曲短歌；
涅吉赤桑扬本，
唱月光遍照歌；
恩兰达扎路恭，
唱六面铁猴歌；

众位首领，
唱稀有金花曲；
诸位勇士，
唱九迭虎山歌；
诸位贵妇，
唱鲜花连环歌；
众位少年，
唱田园长久歌。
其余所唱歌无数，
一年之中十二月，
每人都唱歌一曲。
快乐之时福德长，
欢愉安康享幸福，
利乐犹如日月光，
此一年中遍诸方。

此后，国王说："要想今生解脱，得到菩提正觉，应当知道今生的安乐都是虚妄。"为了使得佛法弘扬，从印度迎请班智达贝玛拉木扎等学者多人，由译师毕若扎拉、喀切阿南达、丹玛则芒、涅古马拉、玛阿扎耶仁青却、昆鲁意旺波、噶瓦白则、交绕鲁意坚赞、尚那囊奔德益喜德等担任翻译，在翻译经典印度殿翻译三藏经典成藏文（原注："前三译师、中三译师、后三译师，共九译师。"）。建立僧伽，使佛教如同太阳升起，弘扬各地。一切蕃地民众都遵从十善之法，获得安乐。

此后，堪布菩提萨埵说："因为莲花生大师已经收伏了十二丹玛，蕃地不会产生外道。今后若有内道中见地不同的人来，此时可请我的弟子名叫噶玛拉锡拉[9]的前来，他可以使佛徒见地统一。"说完，即入于涅槃，国王于是将教务委托给意希旺波。

此后，果然如堪布所说，有一个名叫玛哈衍那[10]的和尚自汉地前来蕃地，于中观见地分为顿门巴、渐门巴二派，使佛教内道因见地不同而发生争论。此时按照堪布的遗言，派遣意希旺波去迎请学者噶玛拉锡拉前来。走到桑耶寺对岸的河边时，和尚说："我也去迎接班智达。"于是前往此岸河边。噶玛拉锡拉见和尚前来，心中思量道："这和尚若具有理智，我就必能调伏他，若他无理智，恐怕不能调伏了。"为了试验和尚的理智，他用手杖绕顶三次，意为询问漂流三界轮回之原因为何。和尚见此，为了回答漂流三界轮回的原因是能所二执所生，手执大氅衣襟，拍地两次。噶玛拉锡拉心知：此和尚具有理智，我必能调伏之，心极欢喜。到达桑耶寺时，国王说："我极其崇敬佛法，所以建造了大小神殿，并从印度迎请班智达，译完所有三藏经典，建立僧伽，佛法密意本极相合，乃有和尚自汉地来，使教法生出歧见，故请学者噶玛拉锡拉前来。欲使一教不生二义，请契合释迦牟尼的密意，立言辩论，请你们勿生骄慢，辩论负者应向胜者献花。"于是，在菩提发愿殿设立大法座，国王坐在中央，和尚师徒在右，噶玛拉锡拉师徒在左。辩论结果轨范师噶玛拉锡拉获胜，和尚辩输，给他献花。此后，和尚返回汉地时，遗留下他的一只鞋，并且说："今后蕃地仍将有持守我的见地的人。"

接着，国王又从印度迎请班智达学者，由国王担任施主，让译师学者们整理已经译定的经籍，诸学者统一佛陀的密意，使正法弘扬。此后国王传位给王子牟尼赞普，父王退居于松卡吕马宫。以上都是简略叙述，欲知其详，可以参阅"桑耶寺大事史记"。

这样，法王赤松德赞享年五十二岁，于木阴牛年薨于松卡。

他的陵墓建在木惹山，
位在其父陵墓右后侧。

乃是此王生前自己建，
起名叫作楚日祖朗陵。
又因墓前立有一石碑，
因而改名具有外饰陵。

注释：

[1] 赤松德赞：汉史作娑悉笼腊赞、乞立赞等，是吐蕃王朝的一位杰出的赞普。他于755年即位，诛戮叛臣巴氏、朗氏，戡定内乱，整顿吏治，并西攻大食，南入天竺，对唐时战时和，他在位期间吐蕃势力扩张到顶峰。同时他也是一位推崇佛教的赞普，修建桑耶等寺，开始剃度藏人出家。藏文史料把松赞干布、赤松德赞、热巴巾合称为三大法王。根据藏汉文史料推算，赤松德赞生于742年，卒于797年。

[2] 此段史实详见于《巴协》的记载及《贤者喜宴》所收录的两份《赞普赤松德赞兴佛证盟文》，可参阅。

[3] 菩提萨埵：亦作喜瓦错或寂护，据说是印度大乘佛教自续中观派的创始人清辩论师的五传弟子，约在770年入藏，宣传大乘佛教教义，对赤松德赞时期佛教战胜本教卓有贡献。

[4] 莲花生：亦称乌坚大师。8世纪印度僧人。应赤松德赞之请赴吐蕃传播密法，曾利用密宗法术同本教巫师斗争，在吐蕃建桑耶寺，对赤松德赞抑本教、崇佛教有一定影响，被藏传佛教宁玛派尊为祖师。

[5] 《桑耶记》即《巴协》，为记载赤德祖赞和赤松德赞两位赞普信奉佛教、兴建桑耶寺情况的著名藏文古籍。

[6] 现存西藏桑耶寺的吐蕃时期的铜钟铭文说："王妃嘉莫赞母子为供奉十方三宝之故，铸造此钟，以此福德之力，祈愿天神赞普赤松德赞父子、眷属，具六十种妙音，证无上之菩提!"又，昌珠寺铜钟铭文为：

“令一切众生皈依善业之故，特铸造此大钟。钟声有如天神鼓乐，嘹亮于浩渺虚空，此亦增天神赞普赤德松赞之住世寿元也。施主为王妃绛曲，并由唐廷比丘仁钦铸造。”写于赤松德赞时期的敦煌汉文写卷《顿悟大乘正理决》的序文中说：“我赞普夙植善本，顿悟真荃，愍万姓以长迷，演三乘之奥旨……于五天竺国请婆罗门僧等三十人，于大唐国请汉僧大禅师摩诃衍等三人同会净城，手说真宗，我大师密授禅门，明标法印，皇后没庐氏一自虔诚，划然开悟，剃除绀发，披挂缁衣，朗戒珠于情田，洞禅宗于定水，虽莲花不染犹未足为喻也。赞普姨母悉囊南氏及诸大臣夫人三十余人，说大乘法，皆一时出家矣。”

[7] 此碑至今仍屹立在桑耶寺，碑文为：“惹萨及扎玛之诸神殿，建立三宝所依处，奉行缘觉之教法。此事，无论何时俱不离不弃，所供养之资具，均不得减少，不得匮乏。自今以后，每一代子孙，均需按照赞普父子所作之盟誓发愿，其咒誓书词不得背弃，不得变更。祈请一切诸天神祇、非人，来作盟证。赞普父子与小邦王子，诸论臣工，与盟申誓。此诏敕盟书之详细节目文字正本，存之于别室。”

[8] 桑耶寺：位于西藏山南市扎囊县境内雅鲁藏布江以北的桑耶区。一般认为是767年奠基，779年建成。为西藏第一座佛法僧三宝齐全的佛教寺院，11世纪后成为西藏佛教宁玛派的根本道场之一。桑耶寺附近的黑波山、扎玛、青浦等地，在西藏古代历史上也很著名。

[9] 噶玛拉锡拉：即莲花戒，印度僧人，是寂护的亲传弟子。应吐蕃赞普赤松德赞之请，到吐蕃和汉地佛教僧人摩诃衍那等进行辩论，取得胜利。从而阻止了汉地佛教在吐蕃的传播，使印度佛教在吐蕃取得了优势。

[10] 玛哈衍那：即摩诃衍那，也称大乘和尚。唐代汉僧，唐德宗时入吐蕃传法，力倡禅宗。后赤松德赞从尼泊尔请来莲花戒与之辩论，摩诃衍那辩论失败返回内地。敦煌汉文写卷中的《顿悟大乘正理决》，记载了他的宗教观点。

第二十二章　王子牟尼赞普

王子牟尼赞普[1]，水阳虎年生于扎玛，二十八岁时即王位，治理国政。娶乳容妃道嘉为王妃。此王信守十善律，为完满父王意愿，以律藏、对法藏、经藏建立供养，将桑耶寺四大佛塔的宝盖与大屋顶殿的望楼用铁链连接起来，悬挂大旗经幡，奉献无数供品。国王并命令臣民们："我父王的各个神殿之前，你们都应该用除了马匹兵器以外的金、银、玉、珠宝等财物来献。"因为王命威重，臣民们有的供献众多金银财宝，有的供献玉石绫罗，有的供献锦衣首饰，有的供献破衣、棉布、皮张。于是国王说："臣民们，你们对佛教信仰的大小为何如此悬殊？有的用无量财宝供献，而有的人仅仅供献破衣布皮。"臣民们回答说："这并不是由于信心的大小不同，实在是富人有财物供献，贫者没有东西可以供献。”国王说：“我治下的民众不应当贫富相差如此悬殊。”于是三次平均财富。但是不到一年，富者仍像以前那样富有，贫者仍旧贫乏。国王问道：“我已三次平均贫富，但臣民苦乐仍然如此悬殊，这是什么道理？是谁取走穷人的东西？”那些受国王供奉的大德回答：“这都是前世各人布施不同的缘故。”于是国王深信因果。如此，国王弘扬佛教，对各个受供奉者、出家之人都像自己的头巾一样顶戴，供给生活用度，用利乐众生守护国政。

王妃波雍妃嘉莫尊，乃是父王的母后汉妃公主的转生，父王心中极其眷念此妃，退居松卡宫时将此妃托付给王子，王子娶之。父王薨时，波雍妃不卸装饰，并且口称：“不必悲苦。”于是其母后蔡绷妃产生忌妒，派人刺杀波雍妃，牟尼赞普救护之。母后因此又生邪见，进毒于国王，于是牟尼赞普在位一年又九月，二十九岁时薨于雍布宫。

牟尼赞普之陵墓，
建在其祖右前方，
名叫拉口定波陵。

注释：

[1] 牟尼赞普：赤松德赞之子。关于他的生卒与在位年有不同的记载。有些记载说他卒于父前，有些记载说卒于父后。有些记载说赤松德赞在世时让位给他，有些记载说赤松德赞卒后，牟尼赞普立。根据各种藏汉文史料推算，牟尼赞普生于甲寅（774 年），796 年春赤松德赞让位给牟尼赞普。797 年四月赤松德赞卒，九月牟尼赞普被母后毒死。

第二十三章　王子牟笛赞普和赤德松赞塞那累江允

此后，欲立次子牟笛赞普为王时，因牟笛赞普在以前父王在位时，曾无辜杀死论尚伍亿，故被那囊人复仇杀死。

其陵建在顿喀达，
名叫甲日江定陵。

此后，赤德松赞塞那累江允[1]被立为王，治理国政，建立僧伽，翻译以前没有译过的经论声明，供养服事班智达白暇噶惹、毕若扎拉、噶玛拉锡拉等，于往昔父王所建各个神殿前奉献供养及油灯，十九岁时娶拉则为王妃，生有一子。王子十三岁时，父王去世，建陵于顿卡达。

注释：

[1] 赤德松赞塞那累江允：赤松德赞之子，牟尼赞普之弟。赤松德赞与牟尼赞普先后殡天之后，吐蕃社会动荡，由钵阐布娘·定埃增联合佛教势力和其他贵族大臣，立赤德松赞为吐蕃赞普。赤德松赞生于丙辰(776年)，丁丑（797年）嗣立，卒于815年，享年四十岁。

第二十四章　王子丹赤

王子丹赤[1]十四岁时即位，他的长妃生有三子，次妃生下王子拉杰、伦珠二人，共计五个王子。他建立僧伽，对祖父所建各个神殿设立盛大供养服事。此王享年五十五岁，于火阴鸡年在扎浦薨逝。

其陵建在赤都松的左方，
据说墓中填满各种珍宝，
又因母后加一宝带而高耸，
因此陵墓起名叫作嘉青陵。

注释：

[1] 丹赤：本文记载丹赤为赤德松赞之子，十四岁即位，享年五十五岁。生有五子，拉杰、伦珠、藏玛、达玛、热巴巾云。这里记载有误。根据《敦煌本吐蕃历史文书》和其他藏汉文记载，以上几人均是赤德松赞之子，并非丹赤之子。那么怎么出现一个叫丹赤的赞普，有些藏史则认为丹赤是赤松德赞早夭的儿子，不论怎样也绝非赤德松赞之子。

第二十五章　额达热巴巾

丹赤王的长子藏玛因喜爱佛法而出家，次子达玛喜作恶业，不堪为王，于是立第三子热巴巾[1]为国王。此额达热巴巾王，火阳狗年生，十二岁时父王去世，继承王位。以甄卡贝吉云丹为诏命大臣，总理国政，娶交绕妃贝吉昂楚等大小五位王妃，信守十善律，迎请印度的班智达则那米扎、西林扎菩提，达拉西拉等与译师噶哇贝则、交绕鲁易坚赞、班第意希德等，翻译经典，三次厘定译经用语，甚至升、两、钱等度量单位也都使其与印度一致。建立闻、思、修三个修习精舍，讲、辩、著三个讲习精舍。建立三十法部僧伽，建立慧、净、贤三律仪精舍。对每一个出家僧人派给七十家民户服事。国王升座时，在自己的左右发辫上接上两条长绸带，放到左右僧人队列中，使僧人坐在绸带上，名叫：“头顶二部僧伽。”国王又想在文香多地方为自己本尊神像建立一座无比的吉祥增善神殿，于是从于阗召请善巧工匠，从尼泊尔召请塑匠、石匠多人，修建九层神殿。底下三层及门户皆用石头建造，中间三层及门户皆用砖块建造，最上三层及门户皆用木料建造。有顶阁九层，每层顶阁阳台上，为僧人讲习佛法的地方。上层顶阁有金龙、玉龙，风吹来时如轮子一样旋转，各层房间的围墙上，有珍宝檐边、女墙、箭垛、璎珞作为装饰。又有宝盖、经幡、珠串、绫罗冠盖、宝铃等，摇曳时发声鸣响。顶端金顶的高度与后面山岗相齐。这座蕃地无与伦比的神殿，人一见之，即生敬信。为防巨风吹袭，顶阁四方都拴上铁链与四方的石狮子相连。顶上三层放置国王的本尊神像，中间三层居住受国王供奉的僧伽。底下三层居住国王与大臣随从等。这座文香多无比吉祥增善神殿建造时的荐新样品是：用大昭寺的土样，建造梵天与帝释塑像；用大昭寺的木样，装饰四根齐天宝柱；大昭寺的颜料之样虽旧，仍可掺和使用；大昭寺的一百零八瓶铸造金石之祥，熔铸于钟鼎之中。又有受国王供养的娘夏坚等数位大臣，在大昭寺以东，建噶如与麦如神殿，以南建喜庆光两座神殿，以北建郑康与郑康塔马两座神殿。

国王赤祖德赞热巴巾，其智慧如具神通，其英明如同天神，权势财富，等于帝释天神，声威法力，镇慑鬼魔，战胜四邻，南瞻部洲三分之二皆归治下。

在此，简述古代以来汉藏关系，赞普甥舅交往的历史。汉藏和好时互通馈问，交恶时互兴兵戎，实情如此，延时已久。在汉文大史书《吐蕃传》中这样记载：释迦灭寂后一千五百六十六年时，汉地之王名叫“唐”的出世，与藏王朗日松赞同时。其子唐太宗，与藏王松赞干布同时。藏王遣使求娶汉主之公主，汉主不允，使者返回蕃地，对藏王谎称：“汉主本来甚喜吾等，将许公主，乃有黄霍尔吐谷浑离间于汉主，因此未能成功。”藏王愤恨，带领蕃地军旅十万至松州，命大臣雅同领兵摧毁吐谷浑地，吐谷浑民逃往宗喀之青海湖边，残留人畜均为蕃军所取。此后，藏王又派大臣薛禄东赞携带着各种珍宝，求娶汉之公主，文成公主携带觉卧释迦佛像及许多嫁妆到蕃地[2]。铁阳狗年藏王松赞干布薨，汉地派遣使臣携带众多礼品致祭陵前（原注：“汉史籍所说，汉军入藏，火焚布达拉，寻找觉卧佛像不获，将不动金刚像运至半日行程之地。即在此王之时。”）。其孙孟松年十三岁时继王位，因年幼，国政未致昌隆，然有大臣噶尔守护四方[3]，此时汉军进藏侵扰，蕃地派遣大臣噶尔为将军，领蕃军二十万，击败汉军，破坏许多城邑[4]，大臣噶尔也死于军中。此王之子赤都松神变王之时，汉地又遣使携带众多礼品前来致祭父王陵墓前[5]。此后噶尔之子尊业多布，与吐谷浑两名叛臣引军三万前往黄河河曲侵掠城邑百姓，与汉将李敬玄之军相遇，交战，汉军败，其左领军率汉军三千增援，来与蕃军交战，蕃军逃回[6]。藏王都松莽布支国力版图超越他王。此王之子赤德祖丹墨阿葱时，与汉主唐中宗同时，汉主之公主金城公主嫁来蕃地，公主的嫁妆有绸缎数万，杂技诸工，凡到蕃地后所需之物俱赐予之。以左卫大将军、名叫杨矩者两位大臣率领许多军队护送，与蕃地结为盟好。北方的河湟之地三十年间为吐蕃所有。其子赤松德赞王之时，甥舅失和，多次兴兵交战。尚嘉察拉朗、将军拉桑鲁白等领蕃军二十万，攻破临洮、周至城、蛮地等[7]。此后甥舅复通馈遗，欲释前嫌，但书中仍说：“藏王口中虽云愿和，心中仍怀奸诈也。”此后牟尼赞普与塞那累之时，时而和好，互通聘问；时而交恶，互起兵戈。如此之事甚多。

如此，额达热巴巾王之时，因甥舅失和，国王领蕃军数千万，摧毁汉地一切城邑。后来又以汉地和尚与蕃地僧人为盟证，互遣和好之使，约定今后，不生怨仇，在汉地梅如边界地方，赞普甥舅双方各建一座神殿，于巨石上刻日月形状，象征天上一双日月，地上赞普甥舅。自汉地梅如以下蕃军不往，以上汉军不来。约定世代各守疆界，地守原地，石保原石，蕃于蕃安，汉于汉乐。并以三宝、日月、星辰、天神共证此盟，甥舅双方赌咒立誓。如此盟约之文分刻于三通石碑，碑前后两侧刻赞普甥舅双方盟约誓词之文，左右两侧刻藏汉双方奉诏与盟之大臣姓名。石碑一通立于拉萨，一通立于汉主宫前，一通立于汉藏交界之梅如地方[8]。若蕃人背盟侵汉，汉人念汉主宫前碑文三遍，则蕃人败亡；若汉人毁约侵蕃，蕃人念拉萨之碑文三遍，则汉人败亡。此盟文由二主签印，藏汉奉诏与盟大臣立誓。以上是简略叙述，若欲详知汉藏盟约之文书内容，可阅读拉萨之碑文。此后索波大将入蕃，杀吐蕃大臣穹霞，因此藏汉友好又复中断云云。以上汉藏关系历史之书，乃自汉地（宋）太宗时的宋祁所著史书中录出，后世汉之译师吴江祖在临洮德钦地方译成藏文。年代有数处不符，当时人之姓名亦有不合者。喇嘛国师仁青扎巴驻锡汉地时，将此汉藏关系记载证实，在临洮德钦刊印，广为流布。以上仅言梗概，欲详知汉藏关系及甥舅交往史实，可阅读此书。

这样，额达热巴巾王珍爱佛教，授权僧众，让他们订立教律、国法，服事父祖诸王所建之大昭、桑耶、噶穹等寺，使一切藏地臣民都遵奉十善法律，禁止偷盗诈骗等。于是不喜佛法的臣民们行动大受束缚，因此臣民们商议说："对如此束缚我等行动的人，难道不应当报复？"都说："我等应当有所报复。"于是对各位大德高僧，以恶眼看视他们。国王说："对我的出家大德等人不得以恶指相指，恶眼相视，今后对如此行为之人抉其眼，断其指。"

国王如此尊崇佛法，贝达那巾等邪臣大为不满，商议毁灭佛法。有人说："不杀国王不能毁灭教律。"有的人说："即使杀掉国王，王子藏玛及大臣甄卡贝吉云丹二人也爱佛法，教律仍不能破坏。"于是商议先除王子藏玛及甄卡贝吉云丹二人再杀国王之计。他们贿赂各个卜算的官员，让他们同声宣扬："出家的王子藏玛住在此地，有碍国王阳寿，并且败坏国政。"于是将出家的王子藏玛流放到贝卓门地方。此后，贝达那巾又进谗言于王说："大法臣甄卡贝吉云丹与王后交绕妃贝吉昂楚二人私通。"于是无辜的大臣被降罪杀戮。此后，到铁阴鸡年国王三十六岁时，国王饮米酒酣睡，贝达那巾和交绕拉洛二人扼住国王颈项而杀之。

以上幸福时分，共十二代半，极幸福时分计有五代。

额达热巴巾的陵墓，
建在顿喀达的左角，
陵墓之中装满珍宝，
起名叫作赤丁孟日陵。

此后，王权犹如冬天的溪水逐日枯竭，十善国法犹如腐朽的草绳逐渐崩坏，蕃地民众的福分犹如油尽的灯盏将近熄灭，政事利乐犹如空中彩虹转瞬消散，黑暗行为犹如恶地的暴风突然袭来，行善之愿犹如隔夜之梦被世人忘尽。各个译师与受供奉的大德无人服事，只得各返家乡。翻译未竟的经典，俱被废弃，喜爱佛法的臣民被悲苦所逼，对此无可奈何。

注释：

[1] 热巴巾：亦称赤热巴巾、赤祖德赞，汉史称可黎可足、彝泰赞普，是吐蕃一位著名的赞普。他在位期间，实行偃武修文政策，对内崇信佛法，顶礼僧人，修建寺庙，修订早期翻译出的经典，规范文字。主动与唐通好。唐蕃于长庆元年（821 年）在长安和盟，次年再盟于逻些，823 年在大昭寺前树碑勒石，重申唐蕃通婚友好、和同一家的情谊，唐蕃之间的战争从此结束。热巴巾生于 806 年，卒于 841 年，享年三十六岁。

[2] 《旧唐书·吐蕃传》记："贞观八年，其赞普弃宗弄赞始遣使朝

贡。弄赞弱冠嗣位，性骁武，多英略，其邻国羊同及诸羌并宾服之。太宗遣行人冯德遐往抚慰之。见德遐，大悦。闻突厥及吐谷浑皆尚公主，乃遣使随德遐入朝，多赍金宝，奉表求婚，太宗未之许。使者既返，言于弄赞曰：'初至大国，待我甚厚，许嫁公主。会吐谷浑王入朝，有相离间，由是礼薄，遂不许嫁。'弄赞遂与羊同连，发兵以击吐谷浑。吐谷浑不能支，遁于青海之上，以避其锋，其国人畜并为吐蕃所掠。于是进兵攻破党项及白兰诸羌，率其众二十余万，顿于松州西境。遣使贡金帛，云来迎公主，又谓其属曰：'若大国不嫁公主与我，即当入寇'，遂进攻松州。都督韩威轻骑战贼，反为所败，边人大扰。太宗遣吏部尚书侯君集为当弥道行营大总管，右领军大将军执失思力为白兰道行军总管，左武卫将军牛进达为阔水道行军总管，右领军将军刘兰为洮河道行军总管，率步骑五万以击之。进达先锋自松州夜袭其营，斩千余级。弄赞大惧，引兵而退，遣使谢罪，因复请婚，太宗许之。弄赞乃遣其相禄东赞致礼，献金五千两，自余宝玩数百事。贞观十五年，太宗以文成公主妻之，令礼部尚书、江夏郡王道宗主婚，持节送公主于吐蕃。弄赞率其部兵次柏海，亲迎于河源。"

[3] 《旧唐书·吐蕃传》记："永徽元年，弄赞卒。高宗为之举哀，遣右武侯将军鲜于臣济持节赍玺书吊祭。弄赞子早死，其孙继立，复号赞普，时年幼，国事皆委禄东赞。"

[4] 此指唐蕃大非川之战。《旧唐书·吐蕃传》记："咸亨元年四月，诏以右威卫大将军薛仁贵为逻娑道行军大总管，左卫员外大将军阿史那道真、右卫将军郭待封为副，率众十余万以讨之。军至大非川，为吐蕃大将论钦陵所败，仁贵等并坐除名。"

[5] 唐朝遣使致祭孟松孟赞之事，《旧唐书·吐蕃传》记为："仪凤四年，赞普卒。其子器弩悉弄嗣位，复号赞普，时年八岁，国政复委于钦陵。遣其大臣论寒调傍来告丧，且请和。高宗遣郎将宋令文入蕃会葬。

永隆元年，文成公主薨，高宗又遣使吊祭之。”

[6] 李敬玄与吐蕃之战，《旧唐书·吐蕃传》记载：“仪凤三年，又命中书令李敬玄兼鄯州都督，往代仁轨于洮河镇守。仍召募关内、河东及诸州骁勇，以为猛士，不简色役。亦有尝任文武官者召入殿廷赐宴，遣往击之。又令益州长史李孝逸、巂州都督拓王奉等发剑南、山南兵募以防御之。其年秋，敬玄与工部尚书刘审礼率兵与吐蕃战于青海，官军败绩，审礼没于阵，敬玄按军不敢救。俄而收军却出，顿于承风岭，阻泥沟不能动，贼屯于高冈以压之。偏将左领军员外将军黑齿常之率敢死之士五百人，夜斫贼营，贼遂溃乱，自相蹂践，死者三百余人。”又说：“时吐蕃尽收羊同、党项及诸羌之地，东与凉、松、茂、巂等州相接，南至婆罗门，西又攻陷龟兹、疏勒等四镇，北抵突厥，地方万余里，自汉、魏以来，西戎之盛，未之有也。”

[7] 此处似指763年吐蕃攻入长安之战。《旧唐书·吐蕃传》记载：“广德元年九月，吐蕃寇陷泾州，十月，寇邠州，又陷奉天县。遣中书令郭子仪西御。吐蕃以吐谷浑、党项之众二十余万，自龙光度而东。郭子仪退军，车驾幸陕州，京师失守。降将高晖引吐蕃入上都城，与吐蕃大将马重英等立故邠王男广武王承宏为帝，立年号，大赦，署置官员，寻以司封崔环等为相。郭子仪退军南保商州，吐蕃居城十五日退，官军收上都，以郭子仪为留守。”《敦煌本吐蕃历史文书》中记载：“尚野息与论悉诺扎、尚东赞、尚赞哇等人引劲旅至京师，攻克京师，唐帝遁走，乃立新君，劲旅还。”拉萨布达拉宫前的《恩兰·达扎路恭纪功碑》背面碑文中记载：“赞普遂以尚琛野息书通与论达扎路恭二人为攻京师之统军元帅，直趋京师，于周屋之渡口岸边与唐兵大战，蕃兵掩袭，击唐兵多人。唐帝广平王乃自京师出走，遁陕州，攻克京师。”

[8] 此碑称《唐蕃会盟碑》，亦称《舅甥会盟碑》《长庆会盟碑》，在拉萨至今犹存，立于大昭寺门前。

第二十六章　朗达玛吾东赞

此后，贝达那巾等逆臣，权力显赫，因赤朗达玛吾东赞[1]为魔鬼化身，不信佛法，满怀恶念，乃立他为王，治理天下。

此时，班智达达那西拉在拉萨东面的木鹿寺禅定，修炼财神法，遇到碍难。班智达大怒，用锡杖柄猛击财神像的腹部（原注：“有的说是铁金刚。”），自腹中生出甚多黄金，以这些为资金建造空行观音身像，又造金座为身密所依，又造能鸣银鸟为语密所依，其弟子喀切乌巴拉造弥勒银像，为意密所依。并设夜间供养。

当时风霜荒旱，人畜多病，邪臣以此为口实，而且国王心中着魔，就决定摧毁佛教。命令僧众或作屠户，或还俗，或作猎户，不服从者处死。毁坏佛寺，先从大昭寺开始，命人将两尊觉卧佛像抛入水中。喜爱佛法的大臣们设计，将它们埋藏在各自的宝座之下，将弥勒像用布包裹，藏在俄塘湖边。又想将殿内诸佛像都抛入水中，用绳子拴在金刚手佛像的颈项上，但拉绳子的人顿时吐血身亡，于是毁坏佛殿的事停了下来。又将大昭、桑耶等寺的门堵塞（原注：“木鹿寺除外。”），其余小神殿全部拆毁，一切佛教经典有的抛入水中，有的焚于火中，或者埋到地下。喜爱佛法的大臣知道国王之心被魔鬼所据，极为悲苦，对国王哭诉道：“大王，不应当毁灭宝贵佛法，应当念往日的良规，请看看先祖的文书诏命！”

此时，曲水河边一个修行精舍中，有约格琼、藏惹赛、玛释迦牟尼三人在那里修行。他们看见一个大德未穿僧裙，手执弓箭，头插鸟羽，正领着猎犬追猎野兽。约格琼指着此猎人问：“是老僧我眼花了吗？还是大德疯癫啦？这是怎么回事？”一人回答说：“你没有眼花，是那个大德疯癫！”于是呼唤大德到面前，问其缘故。大德说：“你们三人未遭国王处罚，只是也危险了！”他把国王灭法的经过，详细告诉他们。三人听后大惊，连忙起身，将律藏经典驮在三头骡子的背上，向西北走，逃往康地，住在丹底雪地方的岩洞中，后来又有噶俄却扎巴与绒敦僧格坚赞二人携带对法藏与俱舍论等甚多经典逃往康地，住在恩琼朗宗的岩洞中。

此时，拉隆贝吉多吉在叶尔巴岩洞中修行，夜半的有大昭寺的护法吉祥天女来现，对他说：“今日的蕃地中，能有成就的只有你一人，藏王朗达玛破坏佛法，你应当诛杀此国王，我将帮助你，你不可畏惧！”次日，拉隆贝吉多吉问自己的弟子，知道国王灭法是实。于是不顾性命，为思念佛法之故，生起杀死国王的勇气。于是多方设法，将白马用炭灰涂黑，穿上外黑内白的大氅，头戴黑帽，脸涂炭油，袖中暗藏弓箭，骑上这匹黑马，口中称“我是不祥黑魔”来到拉萨。此时国王正在阅读石碑文字，他来到国王面前，装作向国王行礼的样子，默祷自己的本尊神，从袖中抽出弓箭，行头一礼时搭箭在弦，行第二礼时开弓，行第三礼时箭射国王额头，然后逃走。国王双手拔除额上之箭，顿时身亡（原注："朗达玛王生于牛年，鸡年即王位，灭法五年，于虎年三十八岁时被射死。"）。大臣们派遣骑兵四下追捕刺客，东方的追兵报告说："眼看追上，只是从噶摩谷地方出现昏暗，迷失刺客之所在。"南方的追兵报告说："由止地方的水边出现昏暗，迷失刺客所在。"西方的追兵报告说："逊昌地方出现昏暗，迷失刺客所在。"北方的追兵报告说："各喀东地方出现昏暗，迷失刺客所在。"然而实际上拉隆贝吉多吉是逃往止地方的达冬，渡水时马上所涂之炭灰洗去又成为白色，黑帽丢弃，脸上炭油洗掉，将大氅反穿现出白色，口称："我是白魔天神。"于是逃去。四方追赶的骑兵所报告的不同，是因其面前各有一个化身在逃跑。于是众人说："此事必是拉隆贝吉多吉所为。"派人到叶尔巴岩洞去找寻，此时拉隆贝吉多吉在洞中假作入定之相，抓来一只鸽子使洞内尘土飞扬，又让虫蚁等在尘土上爬行。众人看见此迹印，认为不会是拉隆贝吉多吉射死国王，于是返回。有一个智者来到洞中，把手放到他的心口上，察知拉隆贝吉多吉心在颤抖，说："本来坚密，此处不可越。"说完就走了。于是拉隆贝吉多吉大为恐惧，不敢停留片刻，连忙逃往康地。

注释：

[1] 朗达玛吾东赞：亦称吾都赞、达磨吾东赞等。吾都赞是吐蕃王朝的最后一位赞普。841 年热巴巾遇弑，吾都赞继赞普位。本文中他和热巴巾之间的兄弟关系前后记载有矛盾，前面说"长子藏玛喜佛出家，达磨性恶不宜为赞普，故立热巴巾"。后面又说"朗达玛牛年生，鸡年即位，在位五年之间灭法，享年三十八岁，虎年卒"。按此达玛小热巴巾三岁。根据其他藏文史书记载达玛为兄。他的弟弟热巴巾被弑，达玛继立。由于他不喜佛法，大力灭佛，被拉隆贝吉多吉刺杀。在位六年，卒于丙寅(846 年)，享年四十四岁。

第二十七章　额达微松与额达允丹

这罪王被杀之后，他的次妃怀有继嗣王统的遗腹子。长妃心想："这儿子生出来必将危害我的权势。"于是用布缠绕自己的身体，伪称："我也怀有儿子。"装出怀孕的样子。此后次妃足月，生下一个真王子，秀美异常，白昼由人围绕，夜晚用灯光守护，故称为额达微松。此时长妃买来一个乞丐刚刚生下的小儿为儿子，说："我也生了一个王子。"众人都怀疑，但是因母后势大，都不敢说。这个假王子由于是因母后之命而巩固其位，故称为额达允丹[1]。这个王子年幼时，因各位喜爱佛教的大臣的请求，将两尊觉卧佛像及弥勒像从地下掘出来，各安置在自己宝座上供养，被毁坏的神像也修复了。

其后，因为政见不和，微松占据约如，内乱发生。土阴牛年发生臣民反上之乱，火阴鸡年诸王陵墓被毁。

额达微松的儿子是贝考赞，贝考赞的长妃的儿子是吉德尼玛衮(原注：“亚蔡与阿里之王统源于此。”)，次妃的儿子是扎西则巴（原注：“拉堆与雅隆觉卧家族出于此。”)，此二人所有之权被允丹所夺去，逃往阿里，作阿里之王。故有诗说道：

收养乞儿而有额达允丹，
贱种窃据王位十善消失，
蔓菁覆盖肉上太阳隐没，
真王子被驱除王统断绝。

注释：

[1] 额达：意为“领主”。允丹，意为“因母后而保住其位”。

第二十八章　允丹之后裔

允丹的儿子是赤德衮年，他有两个儿子，长子日巴衮，次子尼玛衮。尼玛衮的儿子尼俄贝衮，他的后裔分布在垅雪、盆域、多康等地甚多。赤日巴衮生有二子，长子德俄，次子多吉巴。德俄之后裔为布巴巾人及塘拉扎人等。多吉巴之子赤旺秀赞，赤旺秀赞的儿子察那意希坚赞，察那意希坚赞的儿子额达赤巴，他们父子二人之时，佛教余烬由多康复燃。额达赤巴有四个儿子，即阿扎雅、格隆、喇嘛、拉尊菩提惹扎。阿扎雅的后裔，分布在穹波、江甲、拉巴囊、止浦、涅塘、吕巴藏布等地。喇嘛没有后裔。格隆之后裔，分布在贝希、温多门喀等地。菩提惹扎之后裔为拉尊恩莫律绕人、拉止冈人等，现今在桑耶地方的也是其族裔。他们的子孙繁衍于各个地方，分布于吉腰各地的起名为觉卧的也是，听说其种姓极不洁净。

第二十九章　佛教由康地传入后复兴

如前所述，朗达玛王铁阴鸡年灭法，铁阴鸡年佛法余烬复燃，有人说是九个十二年中卫藏地区无有佛法，实际上只是八个十二年，共计九十八年间佛教在卫藏地区连名义也不存在。如前所述，由曲水河畔出走的约格琼、藏惹赛、玛释迦牟尼三人逃往康地，此后噶俄却扎巴与绒敦僧格坚赞、拉隆贝吉多吉三人先后逃来。又有在康地最初所收的门徒，有一个本教徒的儿子名叫玛萨赛的出外放牧时，遇见从曲水河畔逃来的这三个比丘，因为业缘之力，立刻产生信仰，请求出家。三人应许，遂成师徒，从三人的名字中各取一个字，起名为释迦格瓦赛。后来，他精通三藏经典，由于他的传授，有康地之人泊多吉旺秋、鲁贝吉绛曲、扬恭意希玉如、巴仁青、绛意希僧格、交绕喜饶绛曲以及薛穷哇喜饶扎、恩巴哇绛曲、仲意希坚赞、鲁贝吉绛曲、卓曼殊师利等许多贤哲大德出现。

罪王灭法后六十年之时，在盆域的“肖”地方，有一个名叫木萨辛巴的本教徒，他的儿子名叫木萨盆。有一天这个童子到朗萨神殿内，见墙上有出家僧人讲习佛经的壁画，问道：“这是什么画？”在那里的一个老妇人回答说：“这是所谓出家人的画像。”这个孩子因前世业缘之力，生起信仰，为之落泪。又问道：“出家之人，现在还有吗？”老妇人说：“我还是少女时，正逢朗达玛王灭佛，迫害出家僧众，僧人或者还俗，或者被杀，或者死亡，现今卫藏地方已没有出家之人。从曲水河畔及叶尔巴等地逃往康地的出家僧众，现今一定还在康地。”孩子闻此大喜，不顾性命前往康地，遇到拉隆贝吉多吉，生起信仰，请求出家。拉隆贝吉多吉说：“我杀死此罪王，已破了戒律，但是我可以帮助你。”于是引他去见诸位学者大德，跟从他们出家，起名为拉钦贡巴惹赛。

这样，康地佛法弘扬，卫藏无有佛法，成为黑暗之区。上距罪王灭法八十年之时，桑耶地方的领主察那意希坚赞为增广善缘，派遣所谓“卫藏七人”前往康地求取戒律。这七人是卢梅喜饶楚臣、止意希云丹、仲格喜饶僧格、洛敦多吉旺秋、松巴意希洛追、甲洛喜饶、宣本曲却。这七人请仲意希坚赞为堪布、交绕喜绕绛曲为上师，蒙恩受戒。又有后去的五人，即是塔细甲帕、热西楚臣迥乃、拉尊洛追旺秋、杰勒娘尊曲加、仲辛喜饶曼朗。此时先往康地求取戒律之七人已得戒律返回，与后去之五人相遇在途中，问他们五人到哪里去，回答说：“前往康地求取戒律。”先去诸人说：“我们已获得三具足戒，可以转授戒律，不必再长途跋涉。”他们不听，仍然前往康地，遇到先前的学者大德等，取得戒律返回卫藏。此时桑耶地方的领主察那意希坚赞已死，由他的儿子赤巴王为施主，卢梅等人在卫藏建立无数寺庙，建立僧伽，使佛教正法如火星燃于干柴堆上，弘扬于各方。善持佛教命根，使之死灰复燃，于西藏黑暗之洲燃点明灯，这都是上述康卫各地前后出现的学者大德及领主意希坚赞父子的莫大之恩。

第三十章　微松之后裔

如前所述，对于佛教正法有大恩的藏王王统传至贝考赞。

贝考赞长妃的儿子吉德尼玛衮为阿里之王，布让地方也归于他的治下。他有三个儿子，长子贝吉衮占据玛域（原注：“由此传承至觉卧惹钦。”），次子扎喜衮占据布让，幼子德尊衮占据象雄，这三人称为“拉堆三衮”。德尊衮有两个儿子，名叫柯日、松埃。松埃前半生娶妻生下两个儿子，名叫那噶惹扎、德巴惹扎，后半生出家，改名为天喇嘛意希沃，建立托林寺，命译师仁青桑波、鄂勒贝喜饶等聪慧青年二十一人前往印度学法，并迎请班智达班希达噶惹与哇玛达二人，译定法相乘及四续部，并弘传上派律学。松埃之兄柯日在克什米尔建立寺院，他的儿子拉德波迎请班智达素巴希及班智达梅如二人。拉德波生有三个儿子，长子喜瓦沃，次子天喇嘛绛曲沃，幼子沃德。此三人之时，天喇嘛意希沃一心为佛法弘传，前往印度迎请班智达，途中为外道军队所俘，以火烤炙其一切产生善品功德的命门，使成愚痴。天喇嘛绛曲沃听闻此讯，遣人携带无数财宝前往赎取，外道军队说："必须交来与他同等重量的黄金方可赎回。"于是尽量搜集所有的黄金前往，称量时还差大约与头部相等的重量。意希沃说："你们赎回我也无益处，我的命门已被火烤炙，犹如牲畜，我一死即了事。可将赎取我的黄金带到印度，印度善吉祥王的儿子在超岩寺中为五百名通达五明的班智达中的顶宝，名叫阿底峡尊者，可以奉献黄金给他，迎请他前来，弘传佛法。"说完后被害，将其遗体运回，安置在塔中。

第三十一章　天喇嘛绛曲沃迎请阿底峡尊者

于是，遵照意希沃所说，派遣甲尊僧格等人携带黄金前去迎请阿底峡尊者。他们到印度多方设法启请，阿底峡尊者看顾藏地阿里应受教化的众生，按照尊胜度母的授记前来藏地，教授弟子，那泽、库俄、仲三人以及译师仁青桑波、洛穷勒贝喜饶等，都成为学者大德，使雪国藏土境内佛法如太阳升起。天喇嘛绛曲沃对于藏土确实有巨大恩德。

第三十二章　亚蔡之王统

天喇嘛绛曲沃的弟弟沃德迎请班智达喀切那希，沃德的儿子赞德，赞德的儿子巴雷，此后依次为扎喜德、巴惹、那德三代，他们统治古格、布让、玛域等地。

又有那德的儿子赞秋德前去亚蔡地方为王，他的儿子扎喜德，扎喜德的儿子扎赞德，扎赞德的儿子扎巴德，扎巴德的儿子阿约德，阿约德的儿子阿锁德，阿锁德的儿子则达梅与阿南达梅二人，阿南达梅的儿子日路梅为大昭寺的觉卧佛像奉献一个黄金顶盖。他有两个儿子，名叫桑迦梅、则塔梅。则塔梅的儿子阿则梅，阿则梅的儿子噶林梅，噶林梅的儿子巴笛梅。此后亚蔡王统中断，由布让迎请额达索南到亚蔡为王，称为布内梅，布内梅的儿子支笛梅与大臣贝丹扎二人为大昭寺十一面神像奉献一个黄金顶盖。这些住在上部的王统的情况，转引自赛脱巴仁多所著的史书中。此处简略言之，要想详知他们每个人所做的事业，请阅读此史书。

第三十三章　雅隆觉卧之王统

如前所述的贝考赞的次妃所生的儿子（原注：“从此所出之拉雅、藏堆、宗喀、安多、雅隆、觉卧等处之王，乃是真正的藏王血统。”）扎西则巴有三个儿子，为贝德、沃德、吉德三人，此三位称为“住于下部之三德”。长子贝德的儿子到了恩波穹波地方，所以卡恭、路甲、吉、达则、浪隆则一带，住在拉堆以下的王族都是他的族裔。幼子吉德移住到香达那，生有儿子六人，其中五人前去北方，半地之王、耶如、如拉之王、邦、木巴、江娘堆等地王族，都是他的族裔。次子沃德有四个儿子，即帕巴德赛、赤德、赤穷、娘德四人。帕巴德赛的后裔分布在鲁域、绒、亚德、娘堆、达蔡等地。赤德的后裔，为东方宗喀之王[1]、京俄顿钦等，现今的安多王等也是其后裔。娘德的后裔，在后藏耶如地方，直传到金卡王时，赤穷（原注：“为雅隆觉卧的曾祖。”）前去雅隆，占据秦瓦达则城堡。他的儿子沃吉巴有儿子七个，长子尚杰察赤巴，其弟六人号为“六王侄弟兄”。尚杰察赤巴的儿子赛那玉脱的后裔为那莫人、青昂人、顿卡人、塘柯人等。其弟“六王侄弟兄”为拉姜（原注：“无后。”）、玉敬二人（原注：“雅隆觉卧家由此传出。”）、达尔（原注：“无后。”）与伦波二人（原注：“无后。”）、俄德与贡赞二人，共计六人。俄德与贡赞的后裔为昌珠人、巾人、甲尔人与住于曲米郭波之人。

玉敬受噶尔人云丹玉云迎请，移居甲萨地方，他的儿子为觉噶。觉噶有三个儿子，长子甲萨拉钦（原注：“他修建甲萨寺。”），次子赤达玛，幼弟出家。赤达玛有四个儿子：为珠得（原注：“无后。”）、赤朱、觉卧南觉（原注：“他住在班蔡。”）、觉卧闷朗（原注：“彼出家后建立布姑寺白卧室居住。”）。赤朱占据甲萨与多思，他的儿子赤赞，赤赞的儿子霞卡赤，霞卡赤的儿子拉赤，后裔为雅达人。

觉卧南觉有三个儿子，长子甲巴穷哇，次子拉钦（原注：“他是基浦寺的座主。”），幼子拉昂哇（原注：“他出家无后裔。”）。甲巴穷哇有五个儿子，为觉卧释迦衮波、拉卓微衮波（原注：“他为基浦寺的座主，教化的有情众生甚多。”）、德波（原注：“他占据巴察。”）、德穷(原注：“被杀，无后。”)、觉甲（原注：“他继承了王位。”）。德波的儿子觉卧释迦杰，觉卧释迦杰的儿子觉卧释迦贝（原注：“他在救主八思巴前出家，无子。”），觉甲的儿子觉拔，他有两个儿子，长子拉苏康巴（原注：“他也是基浦寺的座主。”），幼子被充波人迎请为王，称拉充波巴。觉卧释迦衮波将塔唐地方封给诸弟，他自己修建尼琼宫居住，国势富强，等于天界，他的儿子觉卧释迦扎喜建宁玛宫。他有两个儿子，长子拉扎卡巴，幼子额达扎巴仁青为救主八思巴的侍从，前往汉地，他奉薛禅钦皇帝之命修建扎卡宫等甚多宫殿，统治一切地方，国势富强，可与天齐。他有三个儿子，长子洛追沃，次子额达释迦衮波（原注："他是基浦寺的座主，即是后释迦衮波，极其富有。"），次子拉尊楚臣桑波（原注："在丹萨梯寺出家。"）。自此以后，直到今日的雅隆觉卧王以前，依次出世之雅隆诸王为未曾中断的藏王真实王统，所以种姓身形功德都极其殊胜。

以上都是简略言之，要想详知雅隆觉卧依次出世的诸王所建立的功业，可参阅拉尊楚臣桑布所著的王统记。

注释：

[1] 宗喀之王：即指沃结巴尔的后裔扎西则巴，扎西则巴的先祖是藏王贝考赞。贝考赞于唐昭宗乾宁二年（895 年）被农民起义首领苏布达则聂所杀，他的后裔沃结巴尔在安多地方传出多麦王系，又称"唃厮啰部"，与宋朝建立友好互市，定期向宋朝贡马，接受宋朝封赐。宋于宝元元年（1038 年）封唃厮啰为保顺军节度使，其子孙亦历受宋朝封爵。

结束语

以上将有雪藏土佛教正法弘扬的历史，印度、汉地的王统及蒙古、木雅的王统，尤其是藏地法王依次出世的史实简略言及。所述史实力除无稽传闻以及臆造杜撰、疑难猜测。自佛教之经续二部经典，藏王诰命总集，大昭、桑耶二寺的大柱记，阿底峡尊者发掘的大小伏藏、各种宗教源流文书、藏王诰命密藏、蒙古的史书以及蔡巴万户长与精通书史的人士所著的王统记中广集资料，留心详读，去除是非疑惑，使各个难解的方言古语化为浅显，不用韵文、排比，以使读者俱易知晓。为使具有信心欲求佛教史实的人们生起胜解及产生欢喜心，详慎编写此书，望即信此真实。如后世之人研习此等史实涉及是非疑惑之处，望取古代各种书典详细阅读以解其疑。

此乃雪邦弘法史，
古昔先王崇佛教，
使之光显传四方，
佛法昌隆常住世，
福慧高广如须弥。
依法护国守善律，
广结善缘众施主，
愿其邦国享利乐。
拉尊仁青所劝请，
索南坚赞所编撰，
摒除障误存信史，
简述法王诸传记。
善业无障晴空中，
佛法如同太阳光，
佛语浇开利乐莲，
诚信蜜蜂其享之。

这边地有雪藏土之境，无上正觉导师佛祖释迦牟尼虽未践履，然其教语光辉早已遍照，圣观世音菩萨以教化一切之力引领众生登上菩提正道。故将圣者菩萨变化的护法王松赞干布等依次出世的藏王大臣以诸种方便弘扬佛法的史实，编为此《教法源流明镜》一书，为使欲知佛法传扬之史实，具有信心的读者产生喜欢，萨迦派索南坚赞于土阳龙年在吉祥桑耶寺编撰写就，以祈愿此方一切时处，悉成吉祥！

译后记

藏族是我国各兄弟民族中具有悠久历史文化的一位成员。长期以来，藏族人民与全国各族人民一道为中华民族大家庭的政治、经济、文化的发展作出了重大的贡献，特别是对青藏高原的开发、西南边陲的巩固，藏族人民更有其突出的功劳。藏族的历史，是光辉灿烂的中国历史的一个重要组成部分。

从吐蕃王朝的时代开始，藏文即已广泛使用，一千多年来，藏族的学者用藏文写下了浩如烟海的各种典籍，记载了藏族人民所经历的漫长历史进程，同时也记载了藏族与各兄弟民族友好交往的历史。现在，藏文史料的重要价值已越来越引起国内外学界的重视，成为研究中国历史的一部分重要依据。一些重要的藏文史书已陆续整理出版并译成汉文，这对增进各民族之间的了解和团结，促进兄弟民族间的文化交流，无疑具有重要的意义。

《王统世系明鉴》一书系萨迦·索南坚赞撰写的系统叙述吐蕃王朝历史的藏文著作。吐蕃王朝是藏族历史上一个十分重要的阶段。它在青藏高原上的崛起，不仅改变了我国西部部落散处、不相统属的寂沉状态，而且使藏族以一个统一的民族的身份登上中国历史舞台，演出了轰轰烈烈的一幕。吐蕃差不多与唐王朝同起同落，它们之间的关系又十分密切，松赞干布与文成公主、赤德祖赞与金城公主的联姻，为汉藏两个民族的友好交往写下一段段佳话。吐蕃的文治武功，为中国封建社会的繁荣时期增添了异彩。所以，在吐蕃王朝崩溃之后，吐蕃的史实掌故仍为藏族群众和学者所津津乐道，历久不衰。唯吐蕃王朝崩溃后各部分裂割据，互相混战，文物典籍毁损严重，除敦煌遗存之藏文写卷及部分碑刻木牍外，几已荡然无存，后世学者难以窥见其全貌，故使吐蕃一朝的许多重要史实，竟成千古之谜。直至元兴，统一青藏，扶植萨迦派统领藏区，藏族文化学术乃得复兴，前后有《巴协》《红史》《青史》《布顿佛教史》等史籍问世，加以萨迦班智达、八思巴、布顿大师等学者提掖，藏族史学日趋活跃。然则《巴协》只载兴建桑耶寺前后一段，《红史》《青史》对吐蕃一朝简而不详。到了明初，才有细述吐蕃王朝历史的《王统世系明鉴》一书问世。

《王统世系明鉴》的作者萨迦·索南坚赞是元末明初萨迦派的一位僧人，生于藏历第六饶迥水鸡年（1333年），即元顺帝元统元年。他出生的地方是夏鲁康赛（今西藏日喀则市夏鲁区），夏鲁在元代是卫藏十三万户府之一，该地有著名的古寺夏鲁寺，夏鲁万户与萨迦关系十分密切，萨迦班智达曾在夏鲁一带学法讲经，八思巴之同母弟恰那多吉被元世祖忽必烈封为白兰王，尚元朝公主，受命统领西藏行政，回西藏后又娶夏鲁万户之女，生子达玛巴拉，继八思巴之后任忽必烈的帝师。夏鲁以帝师母舅之家，在元代权势显赫。夏鲁寺为西藏唯一的覆盖琉璃瓦的汉式建筑的寺院，经籍文物非常丰富，又有著名学者布顿大师长期住持，成为元代西藏的佛教大寺之一。萨迦·索南坚赞生长于此，自然会受到藏族传统文化的熏陶教育，史称萨迦·索南坚赞自幼聪颖，八岁时即以通达事理、能言善辩知名于乡里，十七岁时以索南扎巴为亲教师，以贝丹僧格为上师削发出家，起法名为索南坚赞贝桑布（译为福幢吉祥贤）。后来又依止布顿大师、嘉赛托玖桑布、邦译师洛追丹巴等高僧研习讲经、辩难、著述等学识，在因明、般若、中观、密宗以及宗教历史等方面都留下了自己的著作。

《王统世系明鉴》的内容除作者当时所能见到的吐蕃王朝史料外，还采集了不少民间流传的故事传说，另外，作者从佛教僧人的角度还加进了不少宗教的内容，故我们可以说它是一部熔炼历史、文学、宗教于一炉的藏文史籍。又正因为它富于文学色彩，便于流布，对后世藏文历史著作的影响也很巨大。巴卧·祖拉陈瓦在写《贤者喜宴》一书时就收进了它的不少段落，国内外学者在研究吐蕃史时也常以它为重要参考书，所以它被译成多种文字，介绍到世界各国。我们在学习研究藏族历史的过程中，受王尧老师之嘱，将它全文译出，并加了一些注释，疑难之处，还得到东嘎·洛桑赤列先生和洛桑群觉老师的指教，时任中央民族学院少数民族文学艺术研究所的丹珠昂奔同志在阅读初稿后提出了修改意见，对于老师和同志们的热情关怀和教诲，我们谨在此表示衷心感谢。该书于20世纪80年代出版后一直为学界所用，今青海人民出版社又将该书纳入《藏籍译典丛书》再版，一并表示感谢。

由于我们水平有限，译文中错误之处在所难免，恳请提出批评意见。

陈庆英　仁庆扎西

一九八四年十月记于中央民族学院藏族研究所

二〇一九年八月改于成都